JN274108

訴訟上の和解
――輓近理論の研究――

石川 明

# 訴訟上の和解
―― 輓近理論の研究 ――

信山社

# はしがき

一．私が研究者として取り上げた最初のモノグラフィーのテーマは訴訟上の和解であった。モノグラフィー『訴訟上の和解の研究』（慶應義塾大学法学研究会、1966年8月刊）は、1959年から61年までのDAAD（ドイツ学術交流会）留学生としての第一回ドイツ留学中に手をつけていた。1961年に帰国後その成果を少しずつ「法学研究」（慶應義塾大学法学部誌）に発表するようになった。このモノグラフィーの完成には、帰国後数年かかってしまったのであるが、それは当時の所属学部の事情によって教授資格論文の性質を有するものでなければならなかったからである。私の年代にのみ適用された法学部昇任規則で教授昇任には博士の学位を必要とするというものがあった。私は、年限的には教授昇格時期にあたっていたので、一方では完成度の高いものにしたいとの考えから、モノグラフィーにするには未だ不十分と考えながら周辺の先生方の強いお薦めもあり、一応ある程度論文の揃ったところで一冊に纏めて刊行することにしたのである。こうして前掲書は初めの構想からみると未完成のまま刊行されることになった。前掲書において取り上げようと考えていた項目中落としてしまったものもあり、いかんとも私の気持が落ち着かないので、私はその後『訴訟行為の研究』（酒井書店、1971年5月刊、『民事調停と訴訟上の和解——その手続的・実体的諸問題』一粒社、1979年9月刊）を刊行して、この中に『訴訟上の和解の研究』に収録できなかった若干の論稿を収録したのである。したがって私の希望としては三者を合体して一つのモノグラフィーとして読んでいただきたいと考えている。

このようなわけで、前掲三書は刊行年代もそれほどずれていない。しかしながら、三書の刊行以降、私は訴訟上の和解というテーマに

はしがき

ついて関心はもっていたものの、殆ど和解について論文を執筆していない。それはその後立法（特に民事執行法、民事保全法、現行民訴法の立法）に関与したこともあって、訴訟上の和解の研究に立ち帰る機会がなかなかなかったことにもよる。

　平成6年に慶應義塾を選択定年で退職し、朝日大学に移籍した時期は当時のドイツにおける強制執行法の改正が軌道に乗っており、この研究に多くの時間を割かなければならなかった。平成18年に愛知学院大学法科大学院に移籍したが、その時から平成23年3月の退職にいたるまで、かねてより現役教職者としての最後の願いであり、強く希望していた私の研究生活の出発点である訴訟上の和解の研究に全力を傾けたいと考えて、それを曲がりなりにも実行してきたように思う。

　この点で私の教職者としての最後の5年間を愛知学院大学法科大学院で過ごし、且つ誠に不十分ながら和解の研究の時間をもつことができたのは、私にとって極めて有難いことであった。ここに同大学並びに大学院の皆様方に心からなる謝意を表したい。

　二．ここに本書の内容について若干の説明を付記しておかなければならない。本書収録の論文の一部には執筆時以降、私の考え方が変わった点があるということである。原論文には、当時の私見を執筆した部分がある。執筆が進むにつれて、特に重要なことはその当時の段階の見解を変えて本書第6章の見解を本書における私見の結論とするにいたった。そこで本書ではそれ以前の各章のオリジナル原稿を第6章の結論に合わせて相当に修正してある。本書の修正原稿は各論文発表時のオリジナル原稿を相当に変えているということである。説の変更は各章の執筆時以降、文献を読み、内外の研究者と議論したうえで自説を変更せざるを得ないと考えたことによるのである。私の最終的な確定意見は、必ずしも発表時のオリジナル原稿の見解ではないということである。

はしがき

　三．私は学部時代から今日に至るまで数多くの研究者と接し、特に故宮崎澄夫、伊東乾、最初のドイツ留学においてはミュンヘン大学の故Rudolf Pohle、後のケルン大学の故Gottfried Baumgärtel、Saarland大学のGerhard Lüke、同大学のHelmut Rüßmann、フライブルク大学の故Peter ArensおよびDieter Leipold、ケルン大学のHanns Prütting等の各教授の御指導を頂いた。これまでの諸先生から頂いた学恩に対して心からなる感謝の念を捧げるものである。

　四．本書に収録した論文中において私が前記のブランクの間、学界に発表されたすべての和解関係文献の論点に言及しているわけではないことはお断りしておかなければならない。本書において言及できなかった文献については後刻折をみて少しずつ取り上げる積りである。私の和解研究は本書を以て終るわけではない。

　五．本書における資料収集については、三上威彦教授（慶應義塾大学法科大学院）、河村好彦教授（関東学院大学法科大学院）、鈴木貴博教授（東海大学法学部）の三教授に大変お世話になった。特に河村教授には初校に目を通していただいた。さらには、本書の刊行については近藤丸人法律事務所および金子正志法律事務所の御支援をいただいている。心から御礼申し上げたいと思う。

　なお本書においては、今日の学界において全く周知の見解についてはいちいち文献は列挙していないことも付記しておかなければならない。

　六．本書収録の諸論稿については、各オリジナルの掲載誌の転載の御承諾書をいただいている。この点では各誌に対し、ここに深い謝意を表したい。

　七．最後に本書の出版を快諾していただいた信山社の今井貴氏および編集作業に協力していただいた同社の稲葉文子さんに心からなる感謝の意を表したいと思う。

　八．本書の第1章から第6章まではモノグラフィー的部分である

はしがき

が、他方この部分は同時に論文集的でもあるため各章で取り上げた問題に重複があることを率直に認めなければならない。第7章以下は各論的問題を取り上げている。しかし訴訟上の和解の輓近問題の第一段階としては、本書に取り上げた問題は輓近理論の一部であるに過ぎないが、和解それ自体に関する論文や記事の数は莫大な数に昇る。第7章以下はそのうちの一部を各論的に取り上げたものである。前掲拙著『訴訟上の和解の研究』で時間の都合上取り上げられなかった論点については、後に『訴訟行為の研究』を刊行して、加筆したい論文を加えておいたのと同様に、本書に収録しようとしながら時間の関係でそれが不可能であったものについては、今後順次余力の許す限り検討対象として研究成果を発表していく積りである。

九．最後に指摘しておきたいことは、本書各章の記述にテーマの重複があることである。その理由は、第一に各章がもともと独立の論文として発表されたことに求められる。第二に、加えて、重複説明をあえて残したのは、それら論点を繰り返すことにより、私見を敢えて強調したいという考えもあった。これらの点については読者諸氏の御理解を得たいと考えている。

十．最後に、本書の刊行については手続法研究所上田陽一基金の出版助成に対して深い謝意を表したい。さらに最終作業の段階で升本学術育英会の援助を受けることができたことも本書の刊行について大いに役立っている。そのために同会に対しても深い謝意を表したい。

2012年5月20日

石　川　　明

# 目　次

はしがき

## 第1章　訴訟上の和解──その輓近理論(1)── ...... 3

### 第1節　「和解判事になる勿れ」──判決重視＝和解消極論── ...... 3
### 第2節　交渉中心型か心証中心型か──和解勧試の時期と関連して ...... 6
### 第3節　和解手続論 ...... 8
### 第4節　和解を含むADRに望むこと──特に事例集の刊行── ...... 12
### 第5節　結語──輓近司法政策との関連── ...... 13

## 第2章　訴訟上の和解──その輓近理論(2)── ...... 17

### 第1節　序説──和解と裁判所・弁護士の省力化── ...... 17
### 第2節　和解交渉の理由 ...... 18
### 第3節　裁判所の心証開示 ...... 21
### 第4節　弁護士の代理人性と法律家的性格 ...... 23
### 第5節　和解勧試の時期 ...... 25
### 第6節　対席型か交互型か ...... 26
### 第7節　結　語 ...... 27

## 第3章　訴訟上の和解の近時の問題点 ...... 33

### 第1節　訴訟上の和解──積極論か消極論か── ...... 33
####  Ｉ　「和解判事になる勿れ」とする法諺の意味 ...... 33

Ⅱ　和解類型論……………………………………………… *34*
　　Ⅲ　謙抑的和解論…………………………………………… *38*
　第2節　訴訟上の和解に関する若干の覚書
　　　　──座談会「当事者は民事裁判に何を求めるのか
　　　　　Part 1.(上)(下)」を読んで──………………………… *44*
　　Ⅰ　序　　　説……………………………………………… *44*
　　Ⅱ　Part 1.(上) について ………………………………… *44*
　　　1　判決と和解──当事者と弁護士との期待のずれ
　　　　について………………………………………………… *44*
　　　　(1)　当事者の判決志向、弁護士の和解志向という
　　　　　　意識の相違の背景…………………………………… *44*
　　　　(2)　和解における代理人・弁護士の役割…………… *46*
　　　　(3)　心証開示……………………………………………… *46*
　　　2　裁判所の心証開示、和解条項の提案による和解
　　　　──和解の合意性に反する間接強制──……………… *49*
　　Ⅲ　Part 1.(下) について ………………………………… *49*
　　　1　和解と判決の当事者における満足度………………… *49*
　　　2　調停・和解事例集刊行の必要性……………………… *50*
　　Ⅳ　結　　　語……………………………………………… *52*

第4章　判決と訴訟上の和解………………………………………… *53*
　第1節　序　　　説…………………………………………… *53*
　第2節　対席型か交互型か…………………………………… *63*
　第3節　和解勧試時期………………………………………… *64*
　第4節　結　　　語…………………………………………… *65*

第5章　訴訟上の和解をめぐるその他若干の論点に
　　　　ついて ……………………………………………………… *67*

第1節　序　　論…………………………………………………67
　　第2節　訴訟上の和解における手続保障……………………67
　　第3節　和解率の問題…………………………………………71
　　第4節　和解の地域差の問題…………………………………73
　　第5節　和解勧試の時期………………………………………73
　　第6節　和解における裁判官の役割…………………………74
　　第7節　裁判官の和解における行動…………………………75
　　第8節　結　　語………………………………………………77

第6章　訴訟上の和解をめぐる若干の疑問………………………79

　　第1節　序　　説………………………………………………79
　　第2節　和解担当機関──和解は当該訴訟の裁判体が扱う
　　　　　　べきか──……………………………………………80
　　第3節　心証開示論……………………………………………82
　　第4節　対席型か交互型か……………………………………84

第7章　訴訟上の和解の効力と承継人……………………………87

　　第1節　序説──東京地裁平成15年1月21日判決を契機と
　　　　　　して──……………………………………………87
　　　1　事実関係…………………………………………………87
　　　2　判　　旨…………………………………………………88
　　　3　問題提起…………………………………………………90
　　第2節　本件判決の問題点……………………………………90
　　　1　訴訟上の和解の既判力の問題…………………………90
　　　　(1)　既判力の問題…………………………………………90
　　　　(2)　本件撤去請求の実行は権利濫用か…………………96
　　第3節　承継人による和解に関する善意・悪意……………97
　　第4節　既判力の拡張か執行力の拡張か……………………102

第5節　結　語……………………………………103

## 第8章　第三者の為にする訴訟上の和解論……………107

第1節　序　説……………………………………107
第2節　新　提　案………………………………108
第3節　検　討……………………………………110
第4節　結　語……………………………………112

## 第9章　訴訟上の和解における実体法との乖離…………113

第1節　序　説……………………………………113
第2節　乖離可能性の範囲………………………115
　1　ある離婚調停事件における手続法上の乖離――離婚調停事件で相手方に離婚の意思のない場合、婚姻関係の調整は必要か――………………………115
　2　法の形式的適用が著しく法的正義に反する場合――乖離を認めるべき場合――………………116
　　(1)　中国人強制連行国家賠償請求訴訟――除斥期間の形式的適用が著しく法的正義に反する場合―― …116
　　(2)　懲罰的損害賠償を命ずる外国判決の承認について‥117
　3　法自身が乖離を認めている場合……………118
　　(1)　民訴法275条の2………………………118
　　(2)　民訴法265条……………………………118
　　(3)　民訴法248条……………………………119
　4　その他の場合…………………………………119
　　(1)　部分社会の規範…………………………120
　　(2)　裁判規範である実体法と行為規範との乖離………120
第3節　附　論……………………………………121
　1　和解における当事者の満足度――和解はWin-Win

|  |  | の解決法か——……………………………… *121* |
|---|---|---|
|  | 2 | 和解の型——対席型か交互型か、裁判官の中立性と関連して——………………………… *122* |
|  | 3 | 司法権の及ばない事項についての和解……………… *124* |

## 第10章　弁護士会におけるADR …………………… *129*

第1節　弁護士会ADRの近時の傾向とその問題点………… *129*
第2節　ADRの二類型——法的評価型か対話促進型か——…… *130*
　　1　問　題　点 ………………………………………… *130*
　　2　法的評価型と対話促進型は異質なものであってよいのか ………………………………………… *131*
　　3　対席型か交互型か ………………………………… *133*
第3節　弁護士会ADR利用の低調性 ……………………… *134*
　　1　その理由 …………………………………………… *134*
　　2　弁護士会ADRとその他のADR ………………… *136*
第4節　結語——ADRの拡大と裁判を受ける権利—— …… *136*

## 第11章　山本説・垣内説について ………………… *139*

第1節　山本和彦説の「訴訟上の和解論」について……… *139*
　　1　和解の効力について ……………………………… *139*
　　2　手続規制の必要性について ……………………… *142*
　　　(1)　手続規制必要論 ……………………………… *143*
　　　(2)　手続的規制の意義 …………………………… *144*
　　3　結びに代えて ……………………………………… *146*
第2節　垣内説を読んで ……………………………………… *146*

## 第12章　閑話——民事訴訟の目的は何か—— ………… *151*

第1節　序　　説 ……………………………………………… *151*

第2節　民事訴訟の目的ないし訴権論………………………… *152*
　　　1　目的論ないし訴権論の多様性…………………………… *152*
　　　2　目的論ないし訴権論の背景……………………………… *153*
　　　3　検　　討………………………………………………………… *155*
　　　　(1)　法秩序維持説の問題点…………………………………… *155*
　　　　(2)　権利保護請求権説の誤り……………………………… *158*
　　　4　司法行為請求権説と手続保障説……………………… *159*
　　第3節　結　　語……………………………………………………… *162*

あとがき（*165*）
〔初出一覧〕（*167*）

# 訴訟上の和解

――輓近理論の研究――

# 第1章　訴訟上の和解
―その輓近理論(1)―

第1節　「和解判事になる勿れ」――判決重視＝和解消極論――
第2節　交渉中心型か心証中心型か
　　　――和解勧試の時期と関連して――
第3節　和解手続論
第4節　和解を含むADRに望むこと――特に事例集の刊行――
第5節　結語――輓近司法政策との関連――


## 第1節　「和解判事になる勿れ」
――判決重視＝和解消極論――

　かつて、裁判官の気風として「和解判事になる勿(なか)れ」という判決重視＝和解消極論(以下単に「和解」という場合は「訴訟上の和解」をいう)が主張されていたと思われる。裁判の使命は判決をする点にあり、裁判所も判決によって法的紛争を解決することが、その本来の使命であって、かような立場から和解による法的紛争の解決は邪道であると考えられたのである。この考え方は今日では既に克服されている。その理由を考えてみよう(この点については本書第3章第1節)。

　第一に、民法上和解という制度(民法695条)が認められているが、これは法的紛争を訴訟外で解決する制度である。私法上の和解という制度がある以上、まずもってこれにより紛争当事者は裁判所を煩わせることなく当事者間で自主的に紛争を解決することを試みるべきである。私法上の和解により紛争の解決が可能である以上、裁判所による訴えという公的機関を敢えて巻き込む必要はないし、これ

## 第1章 訴訟上の和解——その輓近理論(1)——

を巻き込むことは紛争の解決方法の態様としても好ましくない。訴訟係属後であっても判決という強制的紛争解決より合意による解決のほうが紛争解決に対する当事者の納得性が高い。

第二に、判決以外にも訴訟法は訴訟上の和解を当事者による紛争解決手段として認めている（民訴法89条）。しかるが故に判決による紛争解決に加えて認められる訴訟終結方法としての訴訟上の和解を判決と比較して軽視すべきではない。訴訟上の和解は実定法上の紛争解決方法として公認されているのである。たとえ、訴訟上の和解に既判力がないにしても（既判力否定説の立場。民訴法267条参照）、和解の成立に特段の要件を設けていない以上これを制限する理由はない。既判力の有無は別にしても（既判力否定説の立場）当事者が自主的紛争の解決方法である訴訟上の和解を締結する以上、訴訟上の紛争を解決する手段として和解を判決の下におく理由はない。

第三に、訴訟上の和解は裁判所の判決するという労力や負担を削減する。裁判所は、和解が成立すれば本来なら続行すべき主張や立証手続等の審理を省き、判決を書く手間も省くことができる。事実関係が複雑で立証による心証形成に困難を伴ったり、適用すべき法理論の立て方に困難を伴うがごとき事件については、特にそうである。かようなケースにおいては勝敗の見通しが立ち難いということもあり、当事者や代理人も和解による紛争解決を望むということが考えられる。この当事者の意思を無視することはできない。

第四に、ADRの近時の発展により訴訟上の和解に対する抵抗感が解消されて、「和解裁判官になる勿れ」という命題のもつ意味が薄れてきている。

第五に、和解条項案の書面による受諾に関する民訴法264条及び裁判所が定める和解条項に関する民訴法265条の規定はいずれも旧法にはなかったものであるが、新法のこれらの規定は和解の成立について基本的には旧法以上に和解に関して積極的な態度を示してい

る。かような観点から見ても、「和解判事になる勿れ」という命題は新民訴法の下では著しく後退していると考えるべきである。

新民訴法のこれらの諸規定からみると、更に加えて、裁判所が審理を通してある程度の心証を得ている場合について、裁判所の心証開示の重要性を仮に認めるとすればその役割をも強調する見解が強くなりつつあると思われる。たしかに裁判所の心証開示は、和解促進の重要な要素になる。但し本書第3章第2節において後述するように私見はその心証開示の重要性には消極的である。

たしかに、和解、民事調停、家事調停の双方において、心証開示があれば、代理人が当事者を調停条項につき納得させる材料になることは事実であるといえよう。

旧法下において、裁判所の心証開示の必要性は説かれながらも、他方では、調停条項を決断するについて、それが当事者に対する間接強制的機能を果たすことになり、当事者の和解の合意における任意性を阻害するとの観点からの批判がなかったわけではないが（私見については本書第6章第3節）、新法下では些か事情が変わってきている面がないわけではない。それは既述のとおり、和解の利用を積極化しようとする新民訴法264条、265条等の規定である。

第六に、和解促進説と訴権論との繋がりはあるのかという問題がある。強いていうと、訴訟の目的は本案判決による紛争解決にあるとのいわゆる本案判決請求権説があるが、紛争解決という点に力点を置けば、和解促進論につながる側面があり、逆に権利保護請求権説や法秩序維持説によれば、和解促進論と少々距離をおくという議論が成立しやすいという問題である。しかしながらこの点は必ずしも和解消極論につながるものではないというべきであろう。その理由は訴訟上の和解も訴訟係属を終了させるひとつの制度として訴訟法に位置づけられているからである。訴権は訴訟制度の利用権なのであって、和解が民訴法上訴訟手続に組み込まれている以上、いず

れの訴訟目的論、訴権論を取ろうと、和解によって訴訟制度の利用権は護られたということになるからである。

第七に、新民訴法164～178条において争点及び証拠の整理手続が規定されている。この制度は争点及び証拠の整理手続であって、訴訟における審理手続を効率的に進行させるための準備をする手続である。しかしながら、この手続を通して事件が和解ないし調停に適したものであるか否かという当該事件の性質がわかるという副次的効果も併有する。そのように考えると、この制度も和解促進のために活用すべきものといえないこともない。この制度は裁判所が和解を勧試する制度（立法者がそもそもそう考えたわけではないのではあるが、実質的機能を考えて）と見ることができる。

第八に、和解は紛争解決の実体法それ自体を適用した解決とはいえないものの、その他のADRと比較すると、和解の推進役は裁判官であるだけに則法性はより高くなければならないといえる。ADRにおける紛争解決の則法性を強調する私の立場からすると、そこに和解積極論のひとつの根拠があるように思う。

以上の諸点からは、和解の積極論の根拠になるものの、消極論は出てこない。今日、和解消極論は完全に克服されたとみてよいであろう。但しいわゆる謙抑的和解論の問題は残る。

## 第2節　交渉中心型か心証中心型か
——和解勧試の時期と関連して——

通常の場合、両者の型は必ずしも完全に、且つ画然と区別しうるものというわけではないが、類型論としては考えうる分類である。両者が画然と区別できるものではないというのは、以下の理由による。第一に交渉中心型といっても、ある程度の心証を得ておかないと裁判所としては交渉の契機が把握できない。心証中心型といって

## 第2節　交渉中心型か心証中心型か

も交渉的要素がなければ和解の成立を期し難いということがある。第二に交渉中心型とはいっても、交渉の過程においてある程度の心証形成が事実上なされることは必定だからである。第三に、私はかねてからADRにおける紛争解決には則法性が必要とされると主張してきたが、この点から見ても和解における心証形成的要素は不可欠であり、更に交渉的要素が加わって初めて和解が成立するものと考えるからである。則法性が極度に無視される限り、譲歩する当事者は和解案に納得しないであろうし、交渉の要素がなければ、譲歩させられる当事者が和解案に納得しないであろう。以上のように諸要素を考察してみると、両者が適度に含まれない限り和解は成立しないのであるから、二つの型のいずれか一方が正しいということはできないのである。この点を考慮すれば、典型的には二つの型は相互に相容れないという関係にあるのではなく、個々の和解においていずれの要素がより強いかという点をめぐる大まかな分類であるにとどまる。

　心証中心型でいくと、裁判所が例えば争点及び証拠の整理手続によってある程度の心証を得た上で和解を勧試することができるように思われる。それでは交渉中心型的要素を強調すると和解勧告の時期をいつにすべきかという問題が生じえよう。事実関係から見て勝訴の確信をもつ当事者は和解の自己に有利な成立を考えることになり、ある程度の心証形成をしてもらった上で和解交渉をしたいと考えるのが普通であるから、心証中心型に傾くであろう。裁判所にある程度の心証形成をしてもらわない限り、和解案に対応し難いということになるのであろうと考えられる。

　私は以下のように考える。すなわち、裁判所がある程度の心証を形成した後でないと、自己の有利性に確信がある当事者は、和解に応じようとはしないか、和解に応じても和解条件が自己に相当に有利でない限り和解は成立しない。唯々交渉中心型では和解は成立し

難いのは当然である。そうであれば和解勧試の時期は特別な例外を除けば、少なくとも争点及び証拠の整理手続後であることが望ましいし、現実問題としてそうならざるを得ない。そうなると和解にとって最も望ましい型は心証中心型にならざるを得ない。そしてそのことによって、私の年来の主張であるADRの則法性が維持されることになるように思われる。

　私の東京地裁における民事調停委員の経験からすると、事件について一、二回の弁論期日を終えた段階で調停にまわってくるケースがいくつかあったように思う。争点が極めて単純であるとか、もともと事件の性質上訴訟になじまないと思われるような事件がないわけではないが、このような事件は争点及び証拠の整理手続に入る以前に調停にまわす、あるいは和解を勧試するのも宜しい。しかしその種のものを除く事件は和解ないし調停にまわすにしても争点及び証拠の整理手続を経た上で和解を勧試したり、調停に委ねるべきものである。この点については本書第2章第5節・第4章第3節・第5章第5節参照。

## 第3節　和解手続論

1. わが国では民事訴訟の約3分の1が和解によって解決するといわれている。和解は訴訟実務上それほど大きな役割を果たしている。それにもかかわらず、民事訴訟法における和解の手続規制については極めて少数の条文が存在するに過ぎない。しかるが故に学界において次のような問題提起がなされている。
2. 他のADRとは異なり、和解担当裁判官と判決手続の担当者が同一であるために和解担当裁判官はある程度心証形成をして判決を見通して和解を勧められるという点を考慮すると、これがひとつの利点である。逆にそのために和解担当裁判官の和解における

## 第3節 和解手続論

両当事者の主張を調整し、そこで作成し提示した和解案が当事者に間接強制的インパクトを与えることになって、和解における合意の任意性が失われる面もあるといわれている。これは和解のひとつのデメリットであるといわれる。和解案を呑まないと裁判所の心証を悪くするという懸念がないわけではない。この点は確かに和解の適正な運用という観点から見て考慮すべきであるといわれている。私は以前にも述べたことがあるが、和解担当裁判官と裁判体を構成する裁判官は区別し、別にすべきではないかという議論を展開している（本書第6章第2節）。和解不成立の場合、和解手続で形成された心証を再開された訴訟手続において事実上利用することは、公開手続、口頭弁論主義に反する結果になるのではないかという疑問が生じるからである。この点は和解担当裁判官と訴訟担当裁判官とを一本化している現行手続のデメリットではないかという疑問なのである。

本来の筋からすれば、心証形成は争点及び証拠の整理手続後の、本体的口頭弁論や証拠調べにおいてなされるべきものであって、和解手続においてなされるべきものではないのである。判決体を構成する裁判官とは別の和解担当裁判官が和解手続のなかで形成された心証を開示することは当然あってよいとの議論は考えられるし、そのような心証開示なくして和解の成立が極めて困難になる場合があるであろう。勿論、和解担当裁判官の心証開示は間接強制的役割を果たすことがあるが、その意味は裁判体を構成する和解担当裁判官のそれとは内容的に異なるであろう。但し、かような取扱いは現行法上は不可というべきことになるであろう。

いずれにしても私見によれば、結果的に和解手続のなかで訴訟における心証形成をすることがあるというシステムには問題があるように思われる。そのためには和解手続を和解裁判官による和解手続に委ねるという制度をつくるべきであると思う。現行法の

第1章　訴訟上の和解──その輓近理論(1)──

ように、当該訴訟手続内における和解という制度を採用している以上、解釈論上、両者を分離することには無理があるが、本来訴訟手続と和解手続とは区別した立法をなすべきではないかと考えている（本書第6章第3節）。

3．交互型か対席型か

1）和解の進行における当事者からの主張については交互型（個別聴取型）をとるか両当事者対席型をとるかという問題がある。民事訴訟はもともと対席型の手続であるから、その手続内で行われる和解も両当事者が揃って交互型を希望しない限り手続保障の観点から対席型をとるべきであるとする学説が有力である。交互型によると裁判所が情報を独占し、両当事者における情報の共通性が失われる可能性があるといわれる。そこで、対席型を原則とすべきであるとの見解が強い。和解手続においても手続保障は本来対席型によって初めて実現されるといわれる。最近の実務家の報告では対席型でも和解成立の経験はあるといわれている。

2）対席型のメリットは、情報の共有性にあるといわれる。更にまた当事者権の保障もこれに加わるたしかに両当事者が情報を共有することによって、両当事者が納得して公正な和解条項を作成することができる。しかしながら、対席型に対しては以下の批判もある。①裁判官にとってみると、一方当事者に有利な心証開示はかえって和解成立の障害になることがある。例えば心証が自らに有利である当事者は和解に応じないことがあるからであるという。これに対して心証が自らに不利な場合、当事者はそれに対応する相当な譲歩をすることになるが、そのことによって和解は成立しやすくなる側面もあることは否定できない。②和解手続において、自己に不利であるためにこれを相手方に伝えたくない事実がないわけではない。交互型であると裁判所にだけはこれらを開示できる場合がある。これは、裁判所の和解案作成に影響を与

えることがありうる。この場合、他方当事者に手続保障を与えないことが不利益に作用する結果になり不都合であるという批判も出てくることは当然予想される。しかしながら和解は則法的でなければならないとはいっても紛争を譲歩によって成立させるものであって、しかも裁判所から見て当該和解案における譲歩が総合的に相当性をもつものであればよいのであるから、この②の事情は交互型手続において提出してもらう必要がある場合がないではないともいわれる。

　3）和解の成立のためには当事者に心証開示請求権を認め裁判所にその開示義務を認めることが必要であるとする考え方がある。問題は裁判所の心証開示をベースにして両当事者に譲歩の限界を表示させるような場合は交互型でなければ、これを示し難い。かような場合、当事者は、対席型は望まないであろう。対席型説もこのような場合は例外として裁判所としても適切な対応として交互型を採用すべきであるとすることが必要との見解もありえよう。かような場合、合意をまとめるテクニックとして裁判所は当事者に対席型の希望があってもそれを採用すべきではないとの考え方もありえよう。また両当事者間にきわめて強い感情的対立がある場合も対席型は避けなければならないとの考え方があり、そのような場合対席型をとると和解が成立し難い場合が考えられる。

　更に訴訟が対席型であることは、訴訟の審理にあっては当然のことではあるとはいえ、日本人のメンタリティとして和解の段階に入ると、できることなら和解期日に対席型を避けたいという面もあることは予想される。加えて対席型で相互に自らに有利な主張を陳述することが相互の対立感情を煽るという面もないではない。これらの場合には交互型の手続が好ましいといわれる。事例に対応して、裁判所による両型の微妙な使い分けないし裁量が必要とされるのではないかとの考え方もありえよう。そう考えると、

第1章 訴訟上の和解——その輓近理論(1)——

理論的には原則対席型、交互型が例外であるとはいえても、事実上交互型が多くなるのではないかとの考え方がありえよう。しかしながら将来、わが国において社会の訴訟化が進んだときに、現実的にも対席型が一般化する可能性が予想されないわけではない。ここでは対席型、および交互型の長短に言及するにとどめる。ただ、私が東京地裁の民事調停委員を務めた経験では、現実問題として交互型が殆どであったことを付記しておく。

なお本章については、本書第4章第2節、第6章第4節、第9章第3節2参照。

### 第4節　和解を含むADRに望むこと——特に事例集の刊行——

和解は裁判所が主体となって両当事者の主張を則法性をベースにしながら調整すべきもので則法性の維持という点で一定の配慮がなされている。調停もこれに準じて考えてよいであろう。

これに対して、裁判所以外のADR機関は多様である。それらの設置については法務省の認可を必要とするものの（裁判外紛争解決手続の促進に関する法律（平成16年12月1日法律151号）参照）、紛争解決にあたる委員会に少なくとも1名は必ず法律家を参加させるべきであるというのが私の年来の主張である。すべてのADRによる紛争解決には則法性が必要とされると考えるからである。加えて必ずADRによる紛争解決の事例集を刊行すべきである。一部のADR機関（例えば中央および地方の建築紛争審査委員会・第二東京弁護士会仲裁センター運営委員会『ADR解決事例精選』（第一法規平成19年4月）等）は解決事例集を刊行している。その他の多くのADR機関は事例をインターネットで開示している。それがないとこの種のADRへの信頼性が失われることになるからである。訴訟上の和解についても本来なら解決事例集を刊行することが望ましい。和解が公正に

行われることの担保としてまた当事者の予測可能性の観点からそれが望まれるのである。和解についてはそのような事例集は刊行されていない。この点では、裁判官が判決を書く労力を省くために和解を勧試するという側面で和解事例集の編集に労力と時間を要するということが大きく影響しているからであろう。

なお、本節については本書第3章第2節Ⅱ参照。

## 第5節　結語——輓近司法政策との関連——

近時、訴訟の迅速化をめぐる訴訟制度の改革、ADRという紛争解決制度の設置等々が立法されてきた。法的紛争解決の迅速化は国の内外における強い要請である。外圧、経済界の要請、一般市民の声等々がその要因である。

ADR制度はよく指摘されているように、二つの意味を持っている。第一は、民事調停法第1条に規定されているように、条理（条理の意味に問題があると私は考えているのではあるが）を加えた紛争解決という解決の質の問題、第二は第一と関連するものであるが実体法と国民の行為規範意識との間のずれの問題、第三は裁判所の負担軽減の問題等である。

どんなに訴訟を含めて司法制度を改革しようとも、現実の問題としての裁判所の負担を適正規模に軽減することは不可能である。また、司法の容量をどんなに大きくしようとも裁判所の負担過重を完全に解消することは不可能である。

裁判所の負担軽減や事務処理の迅速化はわが国の場合、外に向かっては外圧に対応することができ、内に向かっては国民の利益にもなり、わが国経済にも大きなプラスになる。そのために二つの方策が考えられた。第一は、仲裁や調停制度・ADRの充実によって裁判所が引き受けるべき事件を大幅に減少させることである。第二

第1章 訴訟上の和解——その輓近理論(1)——

は、訴訟法を含む司法制度の改革である。民事訴訟法についていえば、争点及び証拠の整理手続、集中審理主義、適時提出主義、上訴制限、簡易裁判所の訴額の引上げ、少額訴訟制度等々がこれである。

　私はこれら二つの側面による法制度の改革に賛成こそすれ、これを否定するものではない。それにも拘らず私が懸念するのは、何よりも司法の容量を拡大すること、換言すればわが国の小さすぎる司法から適正規模の司法へとの司法政策の転換が大切であり、この目標に向かっての努力の欠如という点である。大きな司法を求めることは小さな政府という要望が強い今日、望むべきことではないが、適正規模の司法への拡大を求めることを否定すべきではない。

　裁判所の負担軽減のために諸々の改革をすることは必要なことであるが、司法の容量を適正規模にまで拡大する努力が欠けている現状を憂慮するというのが私の見解である。この点を指摘して本章を終わりたいと思う。


〔後記〕
　私はドイツ法学系の研究者である。最初の留学は1959〜61年に、当時の西ドイツのミュンヘン大学に留学し、故Rudolf Pohle教授に師事した。同教授はStein-Jonasのコンメンタールの改訂者としても有名である。故Gottfried Baumgärtel教授（元Köln大）は、Erlangen大学の専任講師で、Pohle教授の高弟である。当時Baumgärtel教授はMünchen大学に民事訴訟法の兼任講師として通勤されていた。私の留学はドイツ学術交流会（Deutscher Akademischer Austauschdienst. 略してDAAD）の奨学金によるものである。当時ドイツへの留学は、この公的奨学金又はフンボルト財団の奨学金を受けること以外には殆ど不可能であった。私がこの留学生試験にパスしたことは大変幸運であった。

　私は当時まだ慶應義塾大学法学部の助手の2年目であった。法律学の勉強を始めたばかりで、その研究はまだ白紙状態であった。当時の私にとってドイツ法律学の体系性や論理的厳格性のもつ魅力は極めて大きかった。言い過ぎではあると思うが、英米法学のもつ、プラグマティッ

# 後　記

シュな方法論は今でも私の肌に合わない。したがって、ドイツで集めた資料を中心に据えて書いたモノグラフィーである拙著『訴訟上の和解の研究』は、まずもって和解の法的性質論から始まるものであって、専らドイツ法的なものであるということができる。同書の刊行が1966（昭和41）年である。残念ながら、最近のわが国における訴訟上の和解論にあっては、例えば和解の法的性質論等は軽視されている。英米法学派が増えて、和解をめぐる諸問題の解決は法的性質論とはあまり密接な関係なしに論じられ、解決されるようになった。この点はしばらく措くとして、本稿に取り上げた問題点も近時、実務上解決を迫られている問題である。概念的整理は離れても、これらの実務上提起された諸問題を検討することが重要であることは当然である。学問が実務上の問題点に対応することは学問の使命である。とりあえず本書は実務上提起されている論点に対する私見を述べたものである。ついでに述べれば、その後私がADR論の研究に進んでいったのは私の研究者としての出発点のひとつが訴訟上の和解論にあったことに起因している。

　因みに本章は愛知学院大学法科大学院の研究会における報告原稿である。取り上げた問題については、数多くの論稿から示唆を受けたが、特に、伊藤眞・加藤新太郎・山本和彦『民事訴訟法の論争』（有斐閣、2007年7月刊）を参考にしている。主要文献は同書201頁に列挙されている。

## 第2章　訴訟上の和解
――その輓近理論(2)――

第1節　序説――和解と裁判所・弁護士の省力化――
第2節　和解交渉の理由
第3節　裁判所の心証開示
第4節　弁護士の代理人性と法律家的性格
第5節　和解勧試の時期
第6節　対席型か交互型か
第7節　結　　語


### 第1節　序説――和解と裁判所・弁護士の省力化――

　本章で取り上げた問題は前章とオーバーラップしている点がある。判例タイムズ1008号（平成11年）に伊藤眞教授の司会になる座談会「当事者本人からみた和解――実態調査の結果を踏まえて――」（以下、「座談会」と略す）の記事が掲載されている。いささか古い座談会ではあるが、実態調査を基礎にしたものであるだけに有益なものであると思う。当時、この座談会記事を読んで私見を纏めた原稿が積んだままになっていた。第1章の原稿発表後に前記原稿が偶然出てきたので、若干書き直して第2章としてここに掲載することにした。そのために本章は第1章と重複する部分もある。やや視点を異にする面もあることはかような理由による。後者の点で本章を掲載する意味はあるものと考えている。
　「和解裁判官になる勿(なか)れ」という格言があることは第1章で指摘したとおりである。これに関しては、第1章で現在この格言に必ずしも賛成できない旨を説いた。そこでは訴訟上の和解が民事訴訟法に規定されている以上は、和解に関する民事訴訟法上の規定を尊重

## 第2章　訴訟上の和解——その輓近理論(2)——

し、和解の活用に関する消極論を展開すべき理由はない旨を説いたのである。第1章の発表後でもその考え方は基本的に変わっているわけではない。かなり古いものであるが、現に「座談会」のなかで、塩谷国昭弁護士の発言（座談会5頁）をみると、当時の統計上和解により終了する訴訟事件は全事件中30％、実質的に争った事件で同氏の経験上8割から9割にのぼる旨説かれている。実務上、全訴訟事件のなかで和解による解決率が相当高いということがわかる。塩谷弁護士の経験上の数字と統計上の数字とが著しく異なっているのは何故なのであろうか。統計上の数字が同弁護士の発言とは異なり、何故それほどに低いのかという点は検討してみる必要がありそうである。本稿はこの点の検討を目的とするものではないから、それは今後の課題としたい。

　私がむしろ本稿で取り上げたいのは那須弘平弁護士が「座談会」でも言及されている、いわゆる謙抑的和解論である（座談会6～7頁。同氏のこの主張については同氏の論文「謙抑的和解論」木川統一郎教授古稀記念論文集693頁参照）に遡る。和解は裁判所も弁護士も使い勝手がよいのでつい使ってしまうが、和解を便利に使いすぎる点に対する警告的意味をもった論文であり、その意図は理解できる。というのは、紛争解決を和解に頼りすぎると訴訟のもつ法秩序維持機能がそれだけ後退する結果になるからである。加えて和解を当事者に必要以上に強いると当事者の訴権侵害にも繋がりかねないからである。

## 第2節　和解交渉の理由

　座談会（13頁）の菅原（以下、敬称略）発言は以下のようなものである。すなわち、(1)「和解交渉の理由としては、弁護士、裁判官の勧めを理由とするものが多く、次にそれに続いて、勝訴の見込み

第 2 節 和解交渉の理由

と、経済的・心理的負担などの負担回避を理由とするものが来ております。これに対して、敗訴の見込みといった判決の見込みを理由とするものや、相手方や相手方弁護士との話し合いを理由としてあげるものが少なく」とされている。更にその数行後に、(2)「負けそうだから和解に持ち込むのではなくて、むしろこの負けそうだという点は理由ではないと指摘するほうが多くなっております。そうではなく、勝てそうだと思う人が和解を利用しているといった傾向があるように思います」とある。

　私には、以上に紹介した点にかなり重要な視点が含まれているように思えてならない。当事者が訴訟の続行という負担回避を考慮することは十分に考えうる。しかしながら勝訴の見込みが強い場合、その当事者が一般的にいって和解を望むインパクトはそれ程強くなるものであろうかという疑問がないわけではない。勝訴の見込みがある場合、それが例えば、上訴の回避や履行確保などの和解のメリットをすべて放棄してまで判決を望むということはないであろう、と主張される。しかし勝訴の見込みが未確定な場合と比較すれば和解にかけるインパクトは勝訴の見込みがある場合よりは若干なりとも弱いと見るのが妥当ではないかと思われるのである。それでも勝訴の見込みのある者が和解に傾くのは裁判所や弁護士の省力化ないし負担回避に起因することがあるからであろう。そう解することが、私の独断偏見なのであろうか。新民訴法における和解規定の拡大もそのような傾向を窺わせるものと解するのは推測のし過ぎなのであろうか。和解は互譲により成立するものであるから、絶対的に則法的な解決であるわけではない。裁判の法秩序維持機能という側面を考える場合、心証開示の間接的強制という機能まで過度に強調して和解を重用して宜しいのかという点は懸念されるところである。

　「当事者本人が勝敗の利益を冷静に比較考量して和解を選んでいるというというよりも、代理人や裁判官が勧めるから和解交渉に応

*19*

## 第2章 訴訟上の和解──その輓近理論(2)──

じることが多い」(座談会・伊藤発言14頁)のであるとすれば、それは好ましいことなのであろうか。この伊藤発言は同頁の那須発言によっても裏付けられている。すなわち「弁護士が自分の依頼者に勧めて和解をさせるというのが実態です。裁判官のほうからも和解の勧めがあるというケースが非常に多いというのもそのとおりだと思います。そういう意味で和解というのは、当事者主導というよりも弁護士主導であり、裁判官主導であるというふうに云って間違いない」とされているのである。更にいうと同頁の西口発言にもみられる。すなわち「原告本人としては、勝訴すると思っているのですが、和解の方が債権回収率が高いなどと代理人から説得されて和解に応ずるというのが多いと思います。」「本人は意外と白黒をつけたいという傾向が強いように思われます。そのような本人を代理人がなだめて和解に応じさせているのが実情のようです」とされている。ここに裁判所や弁護士が事件処理について省力化志向がみられるとすれば、法秩序維持の観点からして問題があるのではないかと思う。もちろん、和解条項の履行確保等のメリットは、その機能論として、重要な要素であることはいうまでもないのである。しかしながら訴訟の法秩序維持の理念からみると、それをあまりにも強調しすぎることには問題がないわけではないことも指摘しておかなければならない。和解に向けての当事者の意見の相当な尊重は不可欠である。裁判官や弁護士の説得が強いインパクトになるようなことは避けるべき場合が多くあるのではないか。

　ここで私は若干の必要なコメントを記しておきたい。

　訴訟事件のすべてがしかるべく判決の起案が困難な事件であるというわけではない。むしろ判決をしてしまったほうが、和解に手間隙をかける以上に裁判所にとって楽な事件がないわけではないであろう。また、それのみならず上訴の可能性も凡そ考えられないような事件がないわけではない。このような場合、裁判所としては和解

より判決のほうが、はるかに簡単な処理ができる。その場合に、裁判所がそれにもかかわらず和解を勧試するのは、和解条項にある債務の履行がより容易になるという点がきわめて重要な和解の要素になるのであろう。このようなケースにあっては和解が裁判所の省力化を狙っているということは必ずしもいえないかもしれない。

このようなケースは別にして、より複雑であり、そう容易に判決を起案し難いような事件にあっては、和解が裁判所や代理人の省力化のために勧試され、成立せしめられる事件がないとはいえないのではないかと思われるのである。

## 第3節　裁判所の心証開示

西口元判事は、同座談会（15頁）において「当事者の判断材料を提供する趣旨から、当事者に対し、積極的に暫定的な心証を開示するようにしています」と述べている。和解の勧試条項の作成（和解の内容）について心証開示が和解の成立にとり重要であることはいうまでもないと説かれている。既述のとおり、訴訟には法秩序維持という重要な機能がある。それとの関係で、私はかねてより随所でADRの則法性という点を強調してきたのであるが、このような観点からして心証開示は重要であり、且つ、必要不可欠である、と説くのが自然であるのかもしれない。

しかしながら、心証開示の重要性について、もうひとつの観点に言及しておく必要がある。和解を成立させるについては、弁護士が和解による解決のメリットのほか、和解条項の合理性を当事者に納得させることが必要である。筆者の調停委員としての経験からすると、弁護士の本人に対するこの説得が困難な場合がしばしばみられる。当事者本人は自らの法的主張が正当であると考えているからこそ弁護士を通して訴訟を提起し追行している場合が多いのであるか

## 第2章　訴訟上の和解——その輓近理論(2)——

ら、何故そのような妥協をしなければならないのかという疑問や不満を弁護士にぶつけてくるからである。裁判所がその心証を開示することによって、弁護士は一定の和解条項の妥当性を当事者に納得させることが可能になる。「裁判所がこういっているのだから」とか、「裁判所がかような心証をもっているのであるから」という説明は弁護士の当事者に対する有力な説得材料になるであろう。但し私見が心証開示について消極的である点については本書第6章第3節参照。

弁護士は当事者に不利な条項であって当事者に納得させ難い場合でも、裁判所の心証は弁護士自身の説得的且つ免責的要素をもち、非法律家である当事者としてはこれを尊重せざるを得ないことになる。それは和解に向けての一種の間接的強制になる。私は東京地裁の民事調停委員としての経験からみて、弁護士は調停委員会の見解を当事者に対する説得根拠として用いるために調停委員会の心証や解決案の提示を求めてくる場合がしばしばみられる。弁護士が当事者に対して妥協のための説得ができないので、その説得のために調停委員会の解決方針を示してもらいたいとする要望をしばしば経験しているのである。和解における裁判所の心証開示も同じ機能を果たすことが予測される。特に、主要事実の証明に近いが証明の域に達していない心証の開示や敗訴の可能性の強い当事者への心証開示は、和解への説得に有力な材料である。心証開示のもつこのような機能は確かに認めなければならない。しかし、心証開示のもつこの種の機能を和解成立のために間接強制的に働かせることの是非については別に論じる必要がある。私見は、当事者の心証開示請求権、これに対応する裁判所の心証開示義務を認めることには消極的である（本書第6章第3節参照）。

## 第4節　弁護士の代理人性と法律家的性格

　この問題は弁護士の党派性と協働性という表現に置き換えてもよい。そしてこの問題はいわば弁護士という職業人の性質をどうみるかという問題と深くかかわっている、かなり本質的な問題である。

　弁護士には当事者すなわち依頼者本人の利益を守るという当事者の代理人的性格と法への奉仕者という公益的性格とを併有している。両者は往々にして相矛盾する性質ないし職務内容を有する。

　わが国の弁護士法第1条1項は弁護士の使命として基本的人権の擁護と社会正義の実現とを規定するにとどまり、法律家としての性質と当事者の代理人（当事者の利益代表的立場）としての性格を奈辺において調整すべきかという点については必ずしも明言しているとはいい難い。これに対してドイツ連邦弁護士法第1条は弁護士の地位を司法の一機関として位置づけている（Organ der Rechtspflege）。

　山田晟著『ドイツ法律用語辞典〔改訂増補版〕』（三修社、平成5年）518頁によるとRechtspflegeを次のように説明している。「司法・国家の主権作用を立法、行政、司法の三つに分けた場合の司法、裁判およびこれに関連する国家作用……、裁判に直接又は間接に関連する弁護士・公証人・検察官の仕事は司法に属する」とされている。この説明によれば、Rechtspflegeは司法と訳すことができる。

　弁護士のかかる法的位置づけを説いたモノグラフィーとしては、ロルフ・シュナイダー著、石川明訳『弁護士——独立の司法機関』（ぎょうせい、昭和61年、日弁連弁護士倫理叢書＜西ドイツ①＞）1頁以下、特に第1章、第2章がある。なお、拙著『民事法の諸問題』（一粒社、昭和62年）404頁以下も参照されたい。

　弁護士の司法機関的性質を認めるにしても、それとて弁護士の代理人的性質を全く否定するものではないといえようが、ドイツ連邦

## 第2章 訴訟上の和解——その輓近理論(2)——

弁護士法第1条は、その主たる役割としては法秩序の維持に重点を置いていることがわかる。

「座談会」(19頁) の北尾発言は以下のようなものである。

「本人が脇にいるときに、党派性を全く失うことができるかと言ったら、弁護士はそれはできないですね。しかし一方で和解に応じてもいいですといったわけですから、100％自分の主張を通さなければいけないというふうには思っていない。だからそこで和解交渉に応じた以上は、どこまで譲らなければいかんと、そういうふうな状況なのだと思うのです。ですから党派性を失うかといったらそうでない。しかし党派性は失わないけれども、いつまでも自分の主張に固執するという状態ではないので、結果的に裁判官と協働しているみたいになる。しかし、そうではあるけれども、当事者が自分の依頼した弁護士が裁判官みたいになってしまったというふうにまでは普通の弁護士は立っていないのではないでしょうか」と述べている。

ここに論じられているのはまさに先に提示した問題、すなわち弁護士というものの法的性質の問題である。和解は互譲を本質とするものの、その互譲が基本的に則法的でなければならないということになるのか、換言すれば弁護士の法奉仕的な範囲での互譲でなければならないのか、あるいは必ずしも法に強くこだわる必要がないのかという点である。裁判所も弁護士も大きな法乖離性をもつ互譲は許すべきではないと考えてこそ、弁護士の司法の一機関的性質が維持されることになるのであろう。私は和解論を含むADRによる紛争解決に則法性を求めてきたのは、この点に重点があるのである。そしてこの点にこそ、弁護士の公益性と党派性の調和が求められるべきであるように思う。

例えば拙著『調停法学のすすめ——ADR私論——』(信山社、平成11年) 10頁以下のほか、拙稿「ADR覚書」(小島武司編『ADRの実際

と理論Ⅰ』中央大学に、本比較法研究所研究叢書62、平成15年、第1章として収録）、拙稿「裁判外紛争解決の即法性」（判タ995号、平成11年）32頁、本書第6章第3節参照。

## 第5節　和解勧試の時期

　民訴法89条は、訴訟がいかなる段階にあるかを問わず、和解の勧試ができる旨を規定している。たしかに一見明白に訴訟による解決よりも、本来和解に向いている事件もある。筆者自身も東京地裁の民事調停委員を勤めていた時代に、そのような事件を何回も担当させられたことがある。記録がそもそも訴状、答弁書、第1回口頭弁論調書ぐらいで極めて薄い事件などには、その種の事件があったように思う。この種の事件は争点および証拠の整理手続に入る前に民事調停にまわすか、和解の勧試をするということも考えうる。そうすることの妥当性の問題は残る場合はありうる。

　争点及び証拠の整理手続を必要とするような事件であっても民訴法89条の関係から、それ以前に和解の勧試をしても違法ではないことは当然である。

　「座談会」23頁に、西口発言として以下のような指摘がある。すなわち「原告・被告別和解不成立理由中、……被告の方がしっかり調べてもらいたい、白黒をはっきりさせたいというのが意外と多い」とされる。和解にあたって裁判所はある程度の心証を開示すべきである旨の西口説からすれば、ここに挙げた西口発言も一つのパターンである。この点は、和解勧試時期に関する私の従来展開した主張と、ある程度調和するものと思われる。私は少なくとも弁論及び証拠の整理手続終了後が和解勧試の時期としては最も好ましい旨を説いている（この点については本書第1章第2節参照）。裁判所としては、この手続を終えて始めて、事件の大要を把握できると考えら

れるからである。西口発言は、上記の引用に続いて「どうも裁判所が早い段階で証拠調べをする前から和解を勧めて、これが和解拒否の理由になっているのかもしれません」と述べている。私見は、少なくとも弁論及び証拠の整理手続終了後とし、この見解は証拠調べ終了後という見解との相違はあるものの、あまりにも早い段階での勧試には問題ありとしている点では私見とは一定の相違を残しつつ、ある程度の共通性をもっている。確かな心証形成は証拠調べ終了後のことではあるが、弁論及び証拠の整理手続を終了すれば、裁判所としては原告被告双方の主張をおおよそ理解し、事件の内容を把握できると考えられる。審理の終結に近い段階で和解に入るのが適切であるとする見解も納得できないこともないが、例えば、その段階で心証開示をすると判決の前倒し的な結果になるのではないかという懸念もあるのである。この点については本書第1章第2節を参照されたい。

　裁判所の省力化という観点からすると、心証開示について証拠調べ終了後よりも弁論及び証拠の整理手続の終了後の方が、より適切であるということになるのではなかろうか。

## 第6節　対席型か交互型か

　私は、最終的には本書第6章第4節において、和解について対席型を採用すべしとする見解に賛同している。その根拠として情報の共有性および和解における一種の手続保障が挙げられる。手続の公開にも一般公開型と当事者公開型との双方がありうる。このうち対席型は当事者公開型に属する（本書第1章第3節も参照）。

　「座談会」35頁で、以下の西口発言がある。すなわち、交互型の理由として「対席であれば本音をなかなか言ってくれないし、説得しにくいということが挙げられます。多分弁護士の立場からすると、

駆け引きに和解を使いたいし、裁判官の心証を和解の席で探りたい……交互面接の和解協議においては、裁判官は、適宜情報をコントロールしまして、当事者を説得するわけです。そういう意味で交互面接の和解協議は、職権的な手続」であるとされるのである。しかしながら妥協的見解をとれば、当事者の感情的対立が激しくて対席方式がとれないような場合とか、当事者が自らの譲歩の限度を相手方に知られることなく裁判官に開示したいような特別な事情のある場合は別にして、一般的にいえば、心証は両当事者の在席するところで開示すれば宜しいということになる。裁判所が、交互方式で情報をコントロールすることは和解における当事者権の保障やfairnessの原則に反するのではないかと考える。情報の共有を含めて、手続のfairnessを確保するという点からみれば、対席方式が正しいのではないかと考えている（本書第4章第2節、第6章第4節、第9章第3節参照）。

## 第7節　結　語

　以上、和解の、近時の若干の問題点について、「座談会」の議論を中心に私見を展開した。本章は論稿としては先に発表した本書第1章と重複するところもあること、およびその理由については既に本書「はしがき」で述べたとおりである。以下、私の結論らしきものを纏めておきたい。ここに述べるところは程度の差こそあれ、ADR一般にも通じるものもある。

　a．現行実体法が時代の変化からみて硬直に過ぎるような場合、和解を繰り返すことによって新しい和解条項が立法に対する刺戟になったり、稀にではあっても慣習法化する契機を与えることがあるという点は和解の極めて重要な機能であって、この機能を軽視することはできない。和解は慣習法として、あるいは立法の素材として

法の発展に寄与するという側面をもっている。

　b．民訴法に和解に関する規定が存在するところから、裁判所は和解の勧試および和解の成立等、和解の活用に消極的になる必要は全くない。「和解判事になる勿れ」という命題は誤りである。この点は本書の第1章第1節において述べた通りである。和解には判決にないメリットがあるのであるから、その活用に積極的であってよい。現行民訴法は旧民訴法に存在しなかった新規定を設けた。264条、265条等がそれである。それらは新法が旧法以上に和解に積極的であることを示している。

　c．但し、和解にはそのメリットがあるとはいえ、それを過大に評価して、和解による紛争解決率を異常に高くすることが良いとは必ずしもいえない点にも注目する必要がある。例えば、当事者は十分納得していないが、裁判所や弁護士が強力に勧めるために和解による解決に消極的な考え方をもちながら、止むを得ず和解するというようなことのないよう配慮すべきである（間接強制的和解ともいうべきか）。前記のように和解による解決率が30％程度なら納得できないこともないが、80％、90％に上るというのは行き過ぎではないかと思う。もっとも確信をもってそういうためには紛争の実体と和解条項の内容の検討が必要とされることはいうまでもない。

　d．裁判所や弁護士はその省力化機能に過大な期待をかけて和解を利用することに積極的であってはならない。和解を含むADRの促進という観点を強調する場合、常に二つの対立する要素が考慮される。(イ) 一つは一般に民調法第1条にみられるところであるが、法の硬直な適用ではなく実情に即した解決を図ることができるという点（紛争解決の質の問題）、(ロ) 他は、ただでさえ、負担の大きな裁判所の事件処理能力をADRの活用によって省力化するという要請（裁判所の負担軽減）である。この点は弁護士の負担についてもある程度妥当する。

## 第7節　結　語

　ADRの促進の重点は本来(イ)に置かれるべきであって、(ロ)に置かれるべきではない。(ロ)の要請から司法制度の改革とか民事訴訟法の改正等が行われているものの、それらは必要なこととはいえ所詮法律先進国と比較して小さな司法であるわが国の現行司法制度を前提にしている。司法の大小にかかわらず司法が効率的に運用されなければならないこと、すなわち紛争解決の妥当性迅速性はいつの時代あるいはいかなる環境の下でも当然のことである。しかし司法制度や訴訟法を改正し効率的な訴訟制度への改革を図ろうとも、それらの努力は所詮小さな司法の下では自ら限界があることはいうまでもない。司法容量を適正規模のものに変えていくことこそ重要である。この点が軽視されてはならない。

　裁判外紛争解決手続の利用の促進に関する法律（ADR促進法・平成16・12・1法律制定、平成18・6・2最終改正）や個別労働関係紛争の解決の促進に関する法律（平成13・7・11制定、平成20・5・2最終改正）等はある意味では訴訟長期化に関する不信感の顕れであるという側面と同時に裁判所の負担軽減という側面も含んでいるといえようか。このような傾向が過度に渉らぬような配慮が必要である。

　e．そればかりではない。法的紛争の解決数が著しくADRに依存しすぎることになると、国民の遵法意識が薄れ、結局法的紛争解決の目的の一つである法秩序維持が困難になるという極めて重要な視点も指摘しておかなければならない。

　f．なお、前記座談会記事についで掲載されている山本和彦教授の論稿「和解の実態調査に関する若干の感想」（判タ1008号44頁以下、以下の引用はすべて45頁）のなかで以下の論評をされている。この点に私は関心をもっている。

　第一点として、座談会中の那須発言で当事者は和解について「和解裁判」という認識をもっているという発言（13頁）を捉えてその

意味付けをされている点である。この発言は古くからある「調停裁判説」による考え方を指摘したものであるとされ、そこから何よりも調停における手続保障に重要性があり、和解の任意的合意性から、手続過程を問題にする必要はないとする「合意飲込論」は当事者の意識に著しく反するし（山本和彦「決定内容における合意の問題」民訴雑誌43号130頁以下参照）、その立場が和解の効力としての制限的既判力説の追い風になるとされている点である。

和解における手続保障の必要性は極めて重要な問題であり、これを制限的既判力説につなげることも関心のある発想であると私は考える。

私自身は和解について既判力否定説（「訴訟上の和解の既判力」判タ1001号75頁（平成11年）、本書第7章第2節1参照）をとり、制限的既判力説も採用していないが故に、手続保障がある場合、和解に原則的に既判力を認め、手続保障に欠ける場合、既判力を否定するという立場はとらない。

加えて、和解裁判論が何故既判力肯定説にではなく制限的既判力説につながるのか、なんらかの説明が必要となるように思われる。加えて「和解裁判」という表現は和解条項が、裁判所が両者の主張を整え直した結果である点を指した表現であって、当事者が厳格な意味で、あるいは和解の裁判的意味をもつという意味で用いているものではない。そうなると「和解裁判」という表現をもって、そこからなんらかの既判力を引出すことに些か躊躇を感じる。

しかし、既判力肯定説をとったとしても、手続保障がない限り、既判力を否定しようとする発想には理由があるものとの考え方も評価される余地は十分ありえようが、それでは既判力の効用が著しく減殺される。

因みに私は拙稿「既判力と取消権の失権」（判タ1272号37頁以下（平成20年））において、取消権は民法126条の範囲内で既判力によ

り失権しない旨を説いたが、これは制限的既判力の立場を取っているわけではないことを強調しておきたい。

上記座談会に対して別稿を執筆された西尾則雄弁護士の「訴訟上の和解——実態調査報告から考えること」（判タ1008号46頁以下）がある。そのなかで若干コメントを加えたいと思う箇所があるので、以下私見を述べておきたい。

西尾弁護士は以下の点を指摘されている。「民事訴訟は私的な紛争の解決が最終目標であり、その意味から訴訟上の和解の勧試が訴訟の早い段階で実施されても、和解の合意により事件が解決されれば、判決より優れたものであるという考え方がある一方、わが国において民事訴訟を提起する当事者の実態は、権利義務の明確化の要求が根底にあり、あくまでも訴訟提起時においては、判決を念頭にしている点から、納得のいく解決手続は私的な紛争とはいえ、訴訟上の和解が優れているとはいえないし、早期の段階での和解の勧試は問題があるとの指摘もある（判時990号5頁以下）。」というのである。同弁護士はこのように書いた後で、和解に入る以前になされる弁護士の予想を十分に当事者に説明して、当事者に和解手続に入ることについて十分納得させることが必要であると説かれている（前掲46頁）。西尾弁護士の説かれるところは正鵠を得ていると思う。唯ここで若干コメントしたいのは、その結論の前提である上記の解説である。特にそのうち、「民事訴訟を提起する当事者の実態は権利義務の明確化の要求が根底にあり、あくまでも訴訟提起時においては、判決を念頭にしている」という点である。この叙述について私は三つの点で私自身の補足説明を加えておきたい。

第一に考えるのは「和解判事になる勿れ」という法諺である。私はこの法諺を評価しているわけではない旨は既述のとおりである（本書第1章第1節）。しかしながら、すくなくとも重要なことは、裁判所や弁護士の省力化のために和解に頼りすぎることは訴訟の機

能の一つである法秩序維持の理念を軽視ないしは蔑ろにすることになりかねないことを私見として指摘している点である。第二点は、訴えをあわよくば訴訟上の和解を目的として提起する場合がないこともないという点である。この点は西尾説に対するマイナス評価であるということになろうか。第三に、権利義務の明確化の要求が挙げられているが、この点はまさに特に裁判所でなされる和解の則法性の維持という点である。則法性はADR一般に求められるものではあるが、特に裁判所でなされる和解については重視されるべきものである。

〔後記〕
　裁判所ウエッブサイト司法統計平成19年度の第19表によると、第一審通常訴訟既済事件数は以下のとおりである。既済事件数が172,975件、うち判決によるもの49,812件で28.99％、和解によるもの61,368件で35.4％である。

# 第3章　訴訟上の和解の近時の問題点

第1節　訴訟上の和解——積極論か消極論か——
　Ⅰ　「和解判事になる勿れ」とする法諺の意味
　Ⅱ　和解類型論
　Ⅲ　謙抑的和解論
第2節　訴訟上の和解に関する若干の覚書——座談会「当事者は民事裁判に何を求めるのかPart 1.(上)(下)」を読んで——
　Ⅰ　序説
　Ⅱ　Part 1.(上)について
　　1　判決と和解——当事者と弁護士との期待のずれについて
　　　(1)　当事者の判決志向、弁護士の和解志向という意識の相違の背景
　　　(2)　和解における代理人・弁護士の役割
　　　(3)　心証開示
　　2　裁判所の心証開示、和解条項の提案による和解
　　　——和解の合意性に反する間接強制——
　Ⅲ　Part 1.(下)について
　　1　和解と判決の当事者における満足度
　　2　調停・和解事例集刊行の必要性
　Ⅳ　結　語


## 第1節　訴訟上の和解——積極論か消極論か——

### Ⅰ　「和解判事になる勿れ」とする法諺の意味

　「和解判事になる勿れ」という法諺についてこれまでもしばしば言及した（本書第1章第1節）。事件が複雑で法理論も困難、事実認定も困難という事件について、それらの困難さを理由に判決を回避し、訴訟上の和解をもって紛争を解決しようとはせず、その困難さに正面から立ち向かうのが裁判官本来のあり方であるという意味であろう。この法諺は法的紛争解決を和解に求めるのが総合的に見て

適切である事件までも判決をもって解決すべきであると説いているのでは決してなく、その種の事件については、和解判事になることを否定するわけではなく、事実認定や法解釈の困難さを回避し安易に和解に流れるべきではないということを意味しているものと解される。どのような事件でも和解で解決することは外道であるといっているわけではない。

なお積極論か消極論かについては、本書第1章第1節を参照されたい。

## II 和解類型論

1　草野教授は、積極的和解観による和解の位置づけについて、(1)判決先取型、(2)オール・オア・ナッシング回避型、(3)判決落ちこぼれ救済型（又は「判決乗り越え型」とも呼ばれる）の三種に分類し（同『和解の基本原理・和解技術論』(信山社、第二版、2008年) 11頁以下）、それらのうち「判決乗り越え型の和解に優るものはなく、私は、この型が基本型であると考えています」(同上13頁) とされている。この分類は、和解の実質からみると誠に関心のもてるものと思う。

同教授は「和解の三類型」を次のように説明されている（前掲11～12頁)。以下長文にわたるが引用する。

「現在では、和解に積極的な裁判官が圧倒的に多数であり、前述したように裁判官の意識は革命的に変化したといえる状況にあります。積極的和解観といってもその内容には種々あり明確とはいえませんが、おおむね次の三つの考え方があると思われます。

　第一の考え方は、判決の結論が正義に適っているならば判決と同じか、それに準ずる内容の和解をすればよいではないか、そのほうが早く権利の実現が図れるし、正義に適うのではないかとい

うものです。この考え方は、従来の和解が双方の主張を譲り合って合意に達するという互譲を基本とする考え方に立っていたのに対し、これを重要視していない点に特色があります。従来、互譲という要素を重視して、勝訴確実な当事者に譲歩を迫ることがあり、このため、和解が当事者の権利意識を押さえているとの批判があったのですが、この型の和解は積極的に権利の実現を目指すために和解を活用しようというものです。このような和解は「判決先取り型」と呼ぶのがふさわしいと思います。

第二の考え方は、判決の結論は原告か被告の一方が全面的に勝訴し、他方が全面的に敗訴するというオール・オア・ナッシングなものが原則ですが、そのオール・オア・ナッシングな結論に違和感を感じるようになり、それを回避するため和解により勝訴の可能性に応じた割合的に妥当な結論を合意する方がかえって正義に適うのではないかというものです。例えば、心証が五分五分の場合にどちらか一方が100％勝訴するのはかえって正義に反するのではないか、50％ずつ分け合うほうが公平ではないかと考えるのです。伝統的和解観のもとでは、このような場合は審理を尽くして白黒をはっきりさせるべく努力することが先決で、仮に審理を尽くしても心証がはっきりしない場合は立証責任に従って判決をすべきであって、和解をすべきではないと考えていたケースです。このような和解は「オール・オア・ナッシング回避型」と呼ぶのがふさわしいと思います。

第三の考え方は、判決の結論ということに必ずしもとらわれず、当事者間の紛争の実体に着目し、実情に即した妥当な解決をするために判決ではできない解決をするための手段として和解が存在していることを正面に据え、和解によって判決の限界を乗り越えようとするものです。この考え方は、和解は実情に即した妥当な解決であればそれで良いとするもので、正義ということよりも当

第3章　訴訟上の和解の近時の問題点

事者にとって妥当な解決であるかどうかということを重視しています。この和解は伝統的和解観のもとで予備的チャンネルとして存在した「判決落ちこぼれ救済型」の和解が陰の存在ではなく表に現れたというべきものです。このような和解は、和解を判決よりも積極的に考えるという観点から「判決乗越え型」という表現がふさわしいと思います。

　判決先取型やオール・オア・ナッシング回避型は、いずれも正義に基礎を置いているのですが、判決落ちこぼれ救済型や判決乗越え型は、いずれも正義に基礎を置かず、具体的妥当性に基礎を置いています。このように和解の位置付けは、正義に基礎を置くか、具体的妥当性に基礎を置くかにより異なって来るのです。

　民事訴訟の審理の関係で言えば、判決乗越え型以外は、まず、判決の見通しが立たないと和解の見通しも立たないので、できるだけ早期に判決の見通しを立てるために、早期の証拠調べを柱にした審理促進を進めることが不可欠となります。判決乗越え型はその事件に相応しい実情に即した妥当な和解を目的としますので、必ずしも早期に判決の見通しを立てる必要はなく、和解に必要な事案の把握も当事者との対話から収集すればよいので、早い段階での和解を試みることが可能になります。

　以上の和解の中でもどの和解を基本型と考えるかは、裁判官によって意見の異なるところです。現実の事件は様々であり、それぞれに妥当する局面があるのですが、和解の良さや判決に対する独自性の点から考えると、判決乗越え型の和解に優るものはなく、私は、この型が基本型であると考えています。しかしながら、一般には、むしろ逆に理解されているようです。この理解の差が民事訴訟の審理との関係で微妙な影響を与えることになるのです。」

以上引用した草野意見に対して私見は、和解について一定の積極

第1節　訴訟上の和解——積極論か消極論か——

説を採用し、既に随所で述べているとおり、すべてのADR、ことに裁判所で訴訟手続内で行われる和解については則法性を重んじるために上記の分類でいくと基本的には和解は「判決先取型」でなければならないと考えている。というのは、訴訟上の和解というものはそれが裁判所によって、訴訟手続内で進められるものであるがゆえに、判決先取型を原型としながら、これに具体的妥当な互譲を加えるものでなければならないと私は考えているからである。

　草野教授の提唱される和解の三類型分類は極めて関心のもてるものである。しかしながらこの三類型分類は和解の三つの傾向を示すもので必ずしも厳格な三類型とは言い難いのではないかというのが私見の立場である。

　第一に、私見は純粋な判決先取型とはいえない。和解は所詮互譲を前提とするので、判決先取りそのものではなく、和解の諸々の長所を考慮して互譲を必要とするものの、基本は判決先取りにあり、そこから何程か互譲がなされることを前提とする。したがって、判決先取りに限りなく近いとはいっても純粋な判決の先取りであっては和解にならないからである。そこで判決先取型といっても、判決をベースにしながらも互譲によりオール・オア・ナッシングを避けるという点では、私見は、その限りで、判決先取型であると同時にオール・オア・ナッシング回避型の要素を含んでいるといえよう。

　第二に、判決乗越え型について若干言及しておきたい。判決乗越え型は正義を全く離れて互譲はありえないとの批判を受けないであろうか。判決先取型とかオール・オア・ナッシング回避型は正義を基礎とするものであるが、判決乗越え型は理念的に則法性とか法的正義を基礎とするものではなく、具体的妥当性に基礎を置くものである点で異質であるとされるのである。私見によれば、和解も則法性を基礎にしてそこから具体的妥当性のある和解条項を決めるべきであると考えるのであって、則法性を無視して具体的妥当性のみを

37

第3章　訴訟上の和解の近時の問題点

重視するということがあってはならないというのが私見である。この私見の立場からすれば、和解条項として則法性を全く別にした具体的妥当性はありえないことになる。民調法1条にいわゆる「実情に即した」という理念は実定法を全く無視してよいということまで規定しているわけではないことを銘記すべきではないか、特に裁判所において行われる調停や和解が実定法を無視するようなものであっては、当該調停や和解は法的正義の感覚を当事者に失わしめる結果になるのではないかと思われる。

それでは既述のとおり、草野教授の類型論を関心のあるものとして評価したのであるが、それは何故かといえば、それは和解の実務上の傾向的類型を示しているためであって、私の三類型論に対する批判は純粋な和解の在り方、すなわち理想型を示したものであることをお断りしておくべきであろう。

## Ⅲ　謙抑的和解論

1）和解にやや消極的見解として謙抑的和解論がある。

那須弘平「謙抑的和解論」木川古稀『民事裁判の充実と促進（上）』（判例タイムズ社、1994年）711頁は、「法規範とは異なる和解規範の妥当性や当事者の自主性を根拠に和解が判決より優れていると考えることには疑問がある」とされている。

2）その評価はいかなるものであるべきか。

この「謙抑的和解論」について草野芳郎著、前掲書23～24頁は以下のように述べている。

　　那須弁護士（元最高裁判事——石川注）だけでなく、他の多数の弁護士や当事者本人が不満足な和解を押し付けようとする裁判官の姿勢に疑問を感じたことは事実であると思います。また、私自

## 第1節 訴訟上の和解——積極論か消極論か——

身も、満足できる和解ばかりでなく、後味の悪い和解を経験したことがあることも率直に認めざるをえません。それに、現在では、私自身も和解ができないときに判決があるということが民事訴訟を支える重要な要素となっていることを以前より強く感じています。

その意味で、和解を必要以上にもてはやすべきでないということには賛同できるのですが、だからといって、謙抑的になる必要はないと考えています。なぜなら、謙抑的和解論を支持する立場の人も和解が成立して良かったと思った事件があったり、和解を熱心に勧める裁判官の姿勢に共感した事件も多数あったと思います。私は、和解に謙抑的になってしまうと良い和解への意欲を失わせ、かえって国民の期待に反することになることを憂えるものです。謙抑的にならずに、積極的に当事者双方が満足する良い和解を目指して努力すべきであり、その方向への努力が和解技術論であると信ずるものです。

和解積極論も和解消極論もそれぞれに一理あるものの、判タ・座談会「当事者は民事裁判に何を求めるのかPart 1.（上）」（判タ1289号5頁以下）、および、同（下）（同1290号24頁以下）の対象となった調査「法化社会における紛争処理と民事司法」に関連した垣内発言は、和解利用者より判決をもらった者のほうが、より高い満足を感じ、あるいは逆に和解で終った事件の当事者の方がより強い不満を感じている旨を述べている。垣内発言は調査結果に基づくものであり、私はこの発言のもとになった調査結果に些か奇異な感じを受けないわけではないのであるが、このような発言からみると和解謙抑論が評価される面をもっているものと思われる。これに対し、和解積極論は和解のよく指摘されるメリットを強調する。現実の和解のなかには積極的和解論系および消極的和解論系の和解の双方がある

第3章　訴訟上の和解の近時の問題点

ということになるのであろう。謙抑的和解論は和解否定論ではなく、例えば和解が当事者の不満の下に裁判所や弁護士の間接強制的なものになってはいけないことを主張しているのであって、和解を成立させる場合にもそれがあくまでも当事者の任意の合意によるものであるとのラインは遵守されなければならないという主張あるいは安易に和解に逃避してはならないという主張にとどまるのであろう。謙抑的和解論はその限りで正しいのである。

ところで和解積極論で和解による訴訟終了のパーセンテージが増えれば、訴訟の目的である法秩序維持の理念が後退することになりかねない。私的紛争は合意により解決するのが本来の在り方であるという命題を考えても、『裁判所データブック2008年版』（判例調査会刊）36頁によると、民事第一審事件終局区分別既済事件数について、判決によるものが157,516件であるのに対し、和解によるものは、77,950件である。和解による解決のほか調停による解決も含めて考えると、判決による解決事件がいささか少ない感じがしないでもない。これ以上和解を増やせば和解謙抑論をも含む和解消極論の立場からの現状批判は大きくなるのは必定であると思われる。但しこの点は推測の域を出ない。

以上は判決または和解それぞれによる訴訟の解決数の問題であるが、和解積極論の立場によっても基本的には判決先取型の和解でない限り、和解（他のADRも同様であるが）の則法性は維持できない。和解の基本は則法性になければならないことは常に私の主張する処である。

3）私はかねてよりADR、特に裁判所において行われるADRである和解や調停の則法性の遵守を強調するのであるが、このような観点からは和解積極説のうちでも判決先取型が中心になるべきものと考える。この点は和解消極説をとった場合でも成立する和解につ

いては則法性を基準としなければならないという点で変わりはないというのが私見である。

4）謙抑的和解論によると、和解は判決手続の副次的かつ補完的地位にとどまるべきであり、実務家は和解を必要以上にもてはやすことを慎み、判決手続が訴訟制度の原点であることを日々心の中で反芻する謙抑的な姿勢を保つことによって、実務慣行の改善・工夫を通じて判決手続を切れ味良く、かつ利用しやすいものにすべきであるとされるのである。手続保障を軽視した安易な和解論や間接強制的な和解論は許されないのである。

心証の開示が和解を促進することはあるにしても、裁判所が紛争の解決を第一に望んで心証開示によって和解を間接的に強力に強制するようなことがあってはならないことは和解消極論以前の問題であろう。和解はあくまでも両当事者の任意の合意でなければならないのである。そこに合意形成に向けての裁判所の強制的要素があってはならない。私見は裁判所の心証開示については否定的であるが（本書第6章第3節）仮に認めるにして心証開示は双方又は一方の主張や証拠の釈明等による評価の示唆にとどめるべきものである。評価それ自体をストレイトに示してはならないのではないか（本書第6章第3節）。

謙抑的和解論者に対して賛否両論がありうる。否定論としては、第一にそもそも民事紛争は自主的に解決されるべきものであるから、和解による解決が謙抑的である必要はないという考え方がある。第二に現行民訴法264条（和解条項案の書面による受諾）、265条（裁判所等が定める和解条項）等の規定により、新民事訴訟法は旧民訴法時代にない規定を設けて和解の成立の促進を図った面があることからみると、法は謙抑的和解論に逆の方向に進んでいるのではないかといいうるという点である。むしろこれらの規定は和解による解決

## 第3章 訴訟上の和解の近時の問題点

を推奨しているものと理解できる。これに対して和解消極論の立場からすれば、第一に、裁判所が訴訟過程で心証を開示することは当事者に間接強制的な働きかけをすることになるという問題点があること、第二に、紛争の解決を和解に依存し過ぎることは訴訟ないし訴訟制度の一つの重要な目的である法秩序の維持の理念から離れる結果になること、第三に既述のとおり、現実問題として当事者に和解志向より判決志向がより多いこと、第四に小さな司法政策の現状下で和解が裁判所の判決手続の負担の軽減に奉仕してしまうこと、換言すれば裁判所の裁判にかける労力の省力化に繋がる点等々を挙げることができる。

私には和解消極論や和解促進論それぞれの立場ともに理解できる要素をもっていると考えている。両者は相反する見解のように見える。問題は私見のように双方の見解ともに理解できるという以上、両者の主張を如何に調整するかという点が問題になる。この点は私に課せられた大きな課題であるように思う。この問題に解答することは確かに困難である。しかし私は今のところ以下のように考えている。

裁判所としては安易に和解を利用してはならない。特に判決を書く労力を惜しむとか審理の負担の省力化のために和解をするというようなことはあってはならない。そのような省力化については「和解判事になる勿れ」という命題が妥当することになる。しかし、かたや現行民訴法は264条、265条で和解の促進を図っている。したがって和解消極論に無条件ないし全面的に賛成しているわけではない。そこで必要以上に和解消極論を貫くことは現行法の精神に反する。和解消極論の作動するケースを限定すべきなのであろう。若干の事例を挙げてみよう。第一に、例えば親睦団体のなかでの紛争であって、判決によったのではいずれかの面子を潰すような結果になるとすればその解決は和解によることが適当であろう。和解当事者

## 第1節 訴訟上の和解——積極論か消極論か——

間の人間関係の回復が重要なケースなのである。第二に、例えば判決によれば債務者の履行確保が覚束ないようなケースで履行確保が重要であるという事情があるようなケース（例えば判決の確定と強制執行を待つ余裕がなく、直ちに履行の確保ができないと債務者が資金ショートを生じるような場合）では和解によっても良いであろう。第三に、判決による場合、損害額の認定が極めて困難を伴うような場合、第四に証明度はかなり高いが証明にまで至らない立証にとどまっているような場合で証明責任を負う者の一方的敗訴をもたらすことにかなりの躊躇を感じるような場合、この場合、民訴法248条に準じて互譲をさせることが可能になるものと思われる。草野教授のいわゆる「オール・オア・ナッシング判決回避型」の和解になるといえようか。第五に適用条文が既に時代の現状に合わなくなり、そのために当該紛争の解決に到底適切ではないと考えられるような場合等が考えられる。第五のような場合には、和解によって一定の解決を繰返すことを通して新立法を促進することになるし、場合によっては新しい慣習法を形成することもありうるであろう。硬直して時代に則しない実定実体法の実質的改変に当たる場合である。

　いずれにしても事実認定や理論構成が極めて困難なために判決するについては相当な熟慮を必要とするため判決にしかるべき時間と労力とを要し、裁判所がそれを安易に避けるために、いわば省力化のために和解を促進することがあってはならないという点は強調しておかなければならないということである。それを行えばまさに「和解判事になる勿れ」という法諺にぴったりと該当することになるし、民事訴訟の一つの理念である法秩序維持の理念にも反する結果になるからである。このようなことは絶対に避けなければならない。

第3章　訴訟上の和解の近時の問題点

## 第2節　訴訟上の和解に関する若干の覚書
——座談会「当事者は民事裁判に何を求めるのか
Part 1.(上)(下)」を読んで——

## I　序　説

　加藤新太郎判事司会の他の座談会「当事者は民事裁判に何を求めるのか——訴訟行動調査と実務との対話——Part 1.(上)」(判タ1289号5頁以下)、および「同Part 1.(下)」(判タ1290号24頁以下)においては訴訟上の和解についてかなりの部分が当てられている。

　本節はこれらについて若干の私見を述べようとするものである。

　以下、Part 1. Part 2. の順で取り上げてみたい。

　なお、この座談会は明治大学山本眞維教授を代表とする文科省科研費特定領域研究(B)「法化社会における紛争処理と民事司法」と題する調査研究を討論の素材として取り上げたものである。これは、2003年から2008年にわたる民事紛争全国調査であって、行動調査と意識調査とから構成されている。私は調査およびその纏めに費やされた意欲と労力について深い敬意を表するものである。なお、調査項目の選択も適切で関心のあるものが多い。

　以下、私の特に関心のある部分に限って私見を述べてみたい。

## II　Part 1.(上) について

### 1　判決と和解——当事者と弁護士との期待のずれについて

　Part 1. の第3は「判決と和解——当事者と弁護士との期待のずれ」と題する討論である (16頁——以下、Part 1. についての引用頁は、判タ1289号の頁である)。

(1)　当事者の判決志向、弁護士の和解志向という意識の相違の背景

第2節　訴訟上の和解に関する若干の覚書

　本人訴訟の場合も代理人訴訟の場合も、本人の意識に関する限り判決志向が強いという点が指摘されているが、これについて、しかるべき根拠が考えられないわけではないように思う。以下、その原因を私なりに分析してみたい。

　第一に考えられることは、日常生活における行為規範と法規範との乖離の問題である。非法律家である当事者本人は多くの場合、深い法的知識をもっているとはいえない。したがって、日常の行為規範を前提にして裁判における勝訴を信じて判決志向になることが考えられる。弁護士に相談しても、さらには弁護士の法規範の説明に納得しないまま弁護士に代理されていても日常の生活規範から抜け出すことが難しいということがあるのかもしれない。

　いわんや弁護士に相談しないまま、本人が本人訴訟を追行する場合は殊にそうであるように思われる。

　弁護士としては当事者本人から法律相談を受けた場合、法規範の適用の結果は本人が日常生活において考えている行為規範と内容的に異なると理解しながらも訴え提起を止められない場合もあるであろう。本人は判決志向でも弁護士は和解志向で訴えを提起することが考えられる。

　第二に当事者間に感情的対立が大きく、本人訴訟の場合、弁護士という緩衝地帯がないために本人は和解ではなく判決を求めるものと思われるので、訴えの提起、訴訟追行が和解ではなく依然として判決志向であるという面があることが考えられる。

　第三に、代理人弁護士がいない本人訴訟の場合、例えば履行確保、訴訟経済の労力的、精神的負担の回避というような点で和解における譲歩のメリットを本人が認識していない場合がある。

　裁判所としては判決を書くことが割合に簡易と思われる事件であっても、リスクを避けて実利をとることができることや、履行確保、人間関係の回復等、和解のメリットを生かすために和解により

## 第3章 訴訟上の和解の近時の問題点

解決することがむしろ当事者のためになると考えて裁判所が和解の勧告をしても本人が和解のメリットを理解していないというのであれば、本人の判決志向は続くであろう。特に当事者間の感情的対立が激しい場合はこのような結果になる傾向が出てくるものと思われる。

訴訟上の和解は一般のADRと異なり（裁判上の和解や民事・家事の調停と他のADRとの相違点）裁判所の和解案の出発点が原則として実体法にあるという点を本人が認識していない場合があるということも考えられる。

第四に考えられることは、裁判官にしても代理人弁護士にしても和解を多数経験しており、互譲による紛争解決の俗にいう適切な落とし処を心得ているのに対し、本人にはそれが理解できないことが多い。筆者も東京地裁において長期にわたって民事調停に関与したが、その点は実感している。

### (2) 和解における代理人・弁護士の役割

前掲座談会Part 1. 18頁の永石発言は、弁護士が一番に考えることは『結果を大きく、負担を小さく』ということであるとされている。ここでいう負担が当事者本人の負担なのか弁護士の負担なのか必ずしも明らかではないが、ここでいう負担とは当事者の負担という意味に解しておこう。この命題は弁護士の立場から弁護士の手続上の労力という負担の観点からは理解できなくはないし、筆者が仮に弁護士として和解交渉に当たる場合には、そう考えるかもしれない。しかしどちらかといえば当事者にとってみれば、一般的にいって「負担を小さく」より「結果を大きく」の方に重点が置かれてしかるべきであろう。しかし、和解に則法性を要求する私の立場からいえば、その線から大きく外れることは許されないと考える。弁護士も広い意味の司法の一翼を担うものだからである。

第2節　訴訟上の和解に関する若干の覚書

(3) 心証開示

　同じく永石発言に「自分のクライアントに弱みがあるときには、裁判所に相手を説得して、和解を勧めていただくというのが一般的です。その場合は、裁判所に心証をある程度ほのめかしていただいてクライアントに納得させることになります」（前掲頁）とある。ここでいう代理人の立場はまさしく代理人の心情ないし現実を示したものである。自らのクライアントに弱みがあるか否かは、余程例外的事件でない限り、代理人として判決のおおよその見当はつくのであるが、いずれが勝訴できるか微妙な事件であって敗訴の危険もありうるという場合、私見は裁判所の心証開示については消極的であるが（本書第6章第3節）現実問題として裁判所の心証開示はしばしばなされるであろうし、その場合当事者にとって開示された心証が和解によるか判決によるかの判断の基準となる。裁判所に白黒が明確である場合、現実問題としては弱みのある当事者側に積極的に心証開示をして和解を成立させることを考えることになるのであろう。

　ここにいう負担を弁護士の労力的負担と考える場合、私の調停委員としての経験では「負担を小さく」という命題から、調停委員会の心証開示、特に弱みのある当事者側からの心証開示を求められることが多かった。代理人としては弱い立場の当事者を自らの見解に基づいて和解条項につき説得するより調停委員会の心証開示を理由とし、これを説得材料として説得するほうが代理人である弁護士の「負担を小さく」という命題からみるとはるかに効果的である。換言すれば、代理人の立場からみると、それは、当事者に対する説得の省力化につながる。それが代理人にとっては訴訟遂行上の「負担を小さく」につながる。

　立場の強い当事者の代理人も仮に敗訴した場合を考えて自己免責の手段として心証開示を求めて当事者本人に和解の説得をする、し

## 第3章　訴訟上の和解の近時の問題点

かも裁判所の心証開示を根拠にかなり有利な条項をもって、強気に、更に加えて和解のもつ諸々のメリットを当事者本人に対して説示する。これも代理人の「負担は小さく」の内容になる。

　裁判所の心証がこうであるから、あるいは裁判所の提示する和解条項がこうであるからということだけを梃子にして当事者に和解を迫るというだけでは、それは代理人の省力化につながるだけにとどまる。大切なことは裁判所の心証等が何故合理的なのかという代理人の解釈を加えて当事者を和解に向け説得すること、換言すれば裁判所の心証開示と代理人弁護士による当事者の説得との間に代理人の事実的法律的判断を介入させることこそが代理人の役割なのではないかと思われる点である。原告が本人である訴訟は原告に代理人がついている訴訟に比べて判決率が高く和解率が低い（原告本人訴訟では判決率が70％、和解率が24％であるのに対し、原告に代理人がついている訴訟では判決率が48.5％、和解率が42.7％（前掲座談会Part 1.（上）23頁）というのは、代理人弁護士という緩衝地帯（本人に対する説得的役割）があるかないかという点に専ら由来するものではないかと思われる

　現実には、心証開示をベースにして和解交渉がなされて和解条項が決まることが多いのであろう。そこに譲歩の契機が生まれ、当事者自治の範囲が設けられる。和解条項の開示も同様である。それは最終的な和解条項にいたる交渉の契機であるに過ぎないというべきである。更にいえば、裁判所が心証開示ないし和解条項を提示することは次のようなメリットをもつことになる。すなわち私はかねてよりADRの則法性を強調してきたが、裁判所のこれらの行為はたしかに現実的には和解内容の則法性を維持することに役立つというメリットをもつということである。

## 2 裁判所の心証開示、和解条項の提案による和解
### ——和解の合意性に反する間接強制——

　裁判所が和解案を提示して成立する和解——換言すれば裁判所が心証を開示して和解案を示して、それらに間接強制的要素を含めて和解を迫るというような場合——は、本来の和解とはいえないという見解もないではない。和解は当事者間の任意の合意であり、裁判所による心証開示や和解案の提示は和解成立のための間接強制的役割を果たすことが事実上大きいからである。しかしながら、裁判所の心証開示は和解条項そのものになるのではなく、開示された心証を基礎にして和解条項が作成され、それに従って和解の合意をするものであって、それが和解条項それ自体ではなく和解条項に間接的影響は与えるものの、示された和解条項は和解の交渉の出発点であって、それがそのまま和解条項になる場合もあればそうでない場合もある。示された和解条項とは異なる和解が任意の合意により成立することもあることに注意するべきである。しかしそうはいっても、心証開示、和解条項の提案がかなり重要な間接強制的作用をもつことは否定できない。

## Ⅲ　Part 1.（下）について

### 1　和解と判決の当事者における満足度

　判タ1290号29頁（以下、頁数はPart 1.（下）の掲載されている1290号のものである）の加藤発言は「一般的には、弁護士としては和解の方が依頼者の満足度は高いはずだという前提で見ていたのですね」とされている。しかしながら28頁にある垣内発言は利用意欲における判決と和解の差について以下のように述べている。すなわち「判決当事者のほうが和解当事者よりも、また裁判を利用したいと思う傾向が強いようです。そういたしますと、どうも結果の内容、勝敗とか正当、不当ということとは別に、判決で終った事件の当事

者の方がより強い満足を感じているという可能性があるように思われるわけです。このように見てきますと、当事者の満足という観点からは、一概に和解の方が判決よりも優れた事件の処理方法であるとはいえないのかもしれません。そういう意味では、判決のもつ価値というものが見直されてよい面があるのかもしれないとも思われます」とされているのである。当事者の満足度が和解より判決のほうが高いという命題は、那須弘平「謙抑的和解論」木川古稀『民事裁判の充実と促進（上）』（判例タイムズ社、1994年）711頁以下につながるものであると思われる。

調査の客観的な数字がある以上、上記の垣内発言を否定する術もないが、判決による場合と和解による場合とでは、費用、時間的労力的負担、心理的負担、場合によっては敗訴の危険、執行の必要性の有無等々を十分に考慮すると、事件の性質にもよると思われるものの、和解による解決を利用するという考え方になることも理解できる。要は、ケースバイケースで判決と和解と並べて当事者がいずれのメリットを選択するかという問題である。裁判所も弁護士もここで裁判所の心証や和解条項の提案をもって和解成立の為の強い間接強制的手段にしてはならないという点は重要である。

## 2 調停・和解事例集刊行の必要性

私はかねてより和解もその一種であるADRについて事例集（事実、争点、解決内容等）を作成し、公刊すべきである旨を説いてきた。前掲座談会(下) 30頁の永石発言は「以前、後藤勇先生が経験則を網羅されましたけれども、和解の場合もそういうパターンを裁判所に整理して頂いて公刊していただくとわれわれ弁護士は助かります。裁判所のいわゆるノウハウではなくて、また一部弁護士のノウハウではなくて、そういうノウハウを公刊していただくことによって、よりよい紛争解決の考え方、視点というのが出るのではな

## 第2節　訴訟上の和解に関する若干の覚書

いかと思います」との発言がある。そして更にそれに続いて加藤発言として「判例タイムズに、裁判例ではなく、和解例がのったこともありますね。これは、和解条項に加えて、事案の概要、争点、当事者の主張、法的争点についての裁判所の見解が示されており、それは和解の理由が分かるものになっています（判タ988号300頁）。和解は、事案の内容や経過とか背景が分からなければ、和解条項だけでは分かりづらいですからね。だから永石さんの言われたことは重要ですが、それが実際的かどうかということになりますと、もう一つ問題があるように思いますけれども。」とある（30〜31頁）。加藤発言も最後に若干の疑問を呈しながらも永石発言に一定の賛意を示しているように読める。

　私は以前より和解や調停を含むADR一般について、事例集の刊行が必要である旨提唱してきた（本書第1章第4節および拙著『調停法学のすすめ——ADR私論——』（信山社、1999年1月刊）17頁以下）。

　実務法曹は和解や調停を多数経験することによってその解決条項のおおよその内容を推測できることもありうるが、非法曹である依頼者からみれば、そういう推測はつきかねるので、ADRの利用にあたって、その解決条項の内容に不安をもつこともありうる。この点についてある程度の予測可能性がないと当該ADRの利用に不安感をもつことは確かであることをここで重ねて強調しておこう。

　調停を含むADR制度一般が適切に運用されているか否かという点について批判を仰ぐという点でも事例集の刊行は望ましい。

　訴訟上の和解を含むADRの事例集の刊行については、その形式等について相当の工夫を必要とする。しかし建築紛争審査会等裁判所外のADR機関ではこの事例集を刊行している例がある。調停や和解についていうと事例集の刊行は裁判官の省力化という点からみて、却って判決より手間がかかるという難点が考えられるのか、裁判所はあまり積極的であるようにみえない。

第3章　訴訟上の和解の近時の問題点

## Ⅳ　結　語

　和解の実態調査はこれまであまりなされていない。手続の非公開性も一つの原因であろう。しかし、和解は自主的紛争解決という本来裁判所の判決なしに当事者の自主的合意でなされるべき紛争解決方法である。特に現行民訴法は264条及びおよび265条を設けて和解による係属事件の解決方法である和解を促進する方向をとっている。その効用についての実態調査は、他のADRと同様利用者にとっては有用である。それだけに実態調査は必要であろう。私はそれが今後益々重要性を増すものと考えている。

# 第4章　判決と訴訟上の和解

第1節　序　　説
第2節　対席型か交互型か
第3節　和解勧試時期
第4節　結　　語

## 第1節　序　　説

### 1．序　　論

　草野芳郎著『和解技術論』(1995年、信山社)、『和解技術論〔第二版〕』(2003年、信山社)は、ともに同教授の訴訟上の和解の技術論を展開されものとして評価されている（近時、同教授の論文「判決と和解」が名古屋大学法政論集223号133頁以下に発表された。同号は河野正憲教授退職記念論文集である。以下本章において草野教授の論文を草野論文と略す）。私は昭和41年に拙著『訴訟上の和解の研究』（慶應通信＝現在は慶應出版会）を刊行し、その後『訴訟行為の研究』（酒井書店、1971年）を刊行したことについては本書の「はしがき」において記述した。後者は前者で書き残した訴訟上の和解に関する若干の問題に関する論稿を収録したものである。拙著『民事調停と訴訟上の和解』（1979年、一粒社）の第Ⅱ編も同様である。これらの諸論稿はいずれももっぱら理論を内容とするものである。

　草野教授の諸論稿は、訴訟上の和解を実務上の機能面から取り扱ったものである。それだけに私のこれまでの研究になかったものであった。私にとり大変教えられるところが多く、そしてそれだけに関心のあるものであるといえよう。草野論文の読後の感想として私としては、啓発されるところが多いためにここに本章を加えてみ

第4章 判決と訴訟上の和解

た。

## 2．則法性の意味

　私はかねてより、ADRによる紛争解決は「即法的」なものでなければならないと主張してきた。例えば、拙稿「ADRの発展と法的規制の在り方」（月刊司法改革7号20頁）、拙稿「ADR覚書」（小島武司編『ADRの実際と理論Ⅰ』（中央大学出版部2003年5月、3頁以下）30頁以下、後に「民事手続法の諸問題」（朝日大学大学法政研究所叢書第五号・同研究所平成13年11月20日刊、107頁以下に収録。さらに、拙稿「調停再論」判タ1256号（2008年2月）62頁以下）参照。その後ある時期から用語を「即法性」から「則法性」に変えた。それには理由がないわけではない。「即」と「則」では解決案の法に対する「そくし方」が異なるように思えるからである。前者のほうが後者より「そくし方」が強い表現であり、「即す」は「ぴったりと適合する」（大詳泉）を意味し、「則す」は「あるものを規準として、それに従う」という意味で若干のニュアンスの相違があるように思われたからである。ADRが重視されるようになった当初は、ADRにおける紛争解決がはじめから法乖離的ないし法軽視的であってよいという考え方が強調されすぎたように私には感じられたのである。これに対する対抗意識から意味にそれほどの違いはないにしても若干の行き過ぎを感じながら「即法性」なる用語を用いたのである。漢字表現は別にしても、ADRによる紛争解決は「そく法的」でなければならないと述べると、ADRの研究者は直ちに、それはADRの本質に反するとして、「そく法的」解決を求めるのはADRではないと主張された。この傾向に強く反発して、私は敢えて「即法的」なる表現を用いた。その後、時の経過にしたがって、「そく法」的の意味が解決内容があくまでも法を基準としながら、それから一定の範囲において乖離できるという意味が理解される傾向がでてきた

ので、先の漢字表現を変えたのである。

以下、本章タイトルに関連して草野論文を考察してみたい。基本的にいえば草野論文は草野教授の実務家としての豊かな経験に根づいたものだけに説得力がある点が多いと考え、且つ高く評価している。ところで、訴訟上の和解については瀬木比呂志著『民事訴訟実務の制度の焦点』（判タ、2006年6月）中の第15章にも和解の問題についての論稿があるが、本稿ではとりあえず草野論文を中心にして瀬木論文については別稿に譲りたい。

## 3．草野論文について

教授ははじめに和解制度の長短の問題を取り上げている。
（1）長所として以下の五点を指摘される。以下、順次紹介しながら、これに対する私見を述べてみたい。

第一に、判決が上訴を前提にした一時的な紛争解決方法であるのに対し、和解は紛争の最終的解決方法であるから、和解は判決に勝るとされている（前掲論文137頁）。

ここにいわれる紛争解決の一時性・最終性という用語の意味は理解出来ないものではない。しかしながら、敢えて異論を述べれば、私としてはその主張に100％同意できるものではない。たしかに未確定の判決による紛争解決は最終的なものではないが、確定判決による紛争の解決は最終的なものである（再審は別とする）。したがって確定判決は最終的紛争解決制度といえなくはない。逆に訴訟上の和解の既判力の有無は理論上争われているところであるが、既判力否定説をとる以上は、訴訟上の和解が最終的紛争解決制度とはいえないことになる。

おそらくここで草野教授が主張されようとされているのは次のようなものであると理解される。すなわち、判決は一刀両断的且つ強権的なものなので、それに敗訴当事者が必ずしも納得しているとは

第4章　判決と訴訟上の和解

いえない場合があり、それが任意に履行されない場合に執行手続を残すことになるのに対して、和解は両当事者が互譲して和解条項に納得づくで成立するものであるという点を捉えて最終的な解決であるといわれるのであろう。確かにそのような面も否定しさることはできないのではあるが、裁判所から心証を開示されて不満ながら譲歩せざるを得なかったという状況もあるであろう。このような場合は右の草野教授の考え方が必ずしも適切であるとはいえないということになる。問題は納得にいたる契機なのである。勿論そのようなことのないように注意しなければいけないのであるが、裁判所からかなり強権的（私流にいえば間接強制的に）に和解条項をおしつけられることがないように裁判所も相当な注意をはからなければならない。以上は牽強付会な論理とみられるかもしれないが、和解に既判力を否定すると考えられない論理ではない。そう考えると第一点は必ずしもすべての和解に適用するメリットとはいえないのではないかと思われるのである。

　草野論文のメリット論の第二は、判決は一刀両断的、杓子定規的な紛争解決になるが、和解では条理に適い実情に即した妥当な解決ができる点である。

　同教授は、特にこれに続けて和解であれば第三者を参加させたり、訴訟物以外の法律関係を取り入れたりして、紛争の総合的解決が可能であるとされる。

　この記述はいわゆる併合和解を考えてのことであろう。訴訟当事者に限定せず第三者を加えて和解する、更には訴訟物に限らず、それ以外の法律関係を含めた和解が可能になる点は和解の大きなメリットであることは確かである。但し、和解に既判力を認める場合併合和解の主観的客観的範囲をどこまで拡大してよいかという問題は生じうるであろうし、既判力否定説に立っても類似（例えば執行力）の問題が生じることが考えられる。既判力肯定説に立つとその

影響するところが大きいので特にその下では併合の主観的客観的範囲が特に重要な問題となってくるかもしれない。かくいうからといって私見は併合和解を否定するものではない。

　三番目に、判決によったのでは敗訴者が自発的に履行する可能性が乏しく、かえって往々にして執行を免れようとすることになるのに対して、和解は自発的になされるから、履行がより確実なものになると考えられるというメリットがあるとされる。たしかに一般的にはそのようにいえるであろう。しかし和解のなかには第一点でも述べたように必ずしも当事者双方が納得しているとはいえないものもないわけではない。但し和解条項上の義務の履行と引換えに和解を成立せしめる場合はある。

　たしかに第三点のメリットのような面があることは否定し得ないのであるが、確定の給付判決には、それにもかかわらず任意履行を行わなければいずれは執行が伴うことを債務者は考えるであろうし、和解にあっても債務者が自らは不利な和解を強制されたと考えているような場合、任意履行する保障があるとは必ずしもいえないケースも多々あるように思われないわけではない（和解の場合、債務の履行と同時に和解を成立せしめるということも可能であるが）。そこで第三番目の指摘は五十歩百歩の議論ではないかともいえるような側面があるものと思う。同教授の、第三番目のメリットの指摘は和解ないしその成立に過度の心証開示による過度の間接的強制性がいささかもないことや足して二で割るような則法性に欠けることがないことが、必要であるということになるのであろうか。これらの事情がある場合自発的履行が期待できないことがあろう。

　第四に、和解なかりせば上訴等によって紛争解決が遅れ、訴訟遅延をもたらすという点が指摘されている。この指摘は正しいものであると考える。しかし訴訟法上、上訴制度は依然として存在し、その回避を強調しすぎることは訴権論との関係で問題が生じるのでは

## 第4章　判決と訴訟上の和解

ないかという疑問がないわけではない。この点は裁判所としても相当な慎重性が求められる。また和解の場合既判力否定説または制限的既判力説をとると和解取消ないし無効の主張がでてくる可能性がある。

第五番目に和解による裁判官の手間の省力化が指摘されている。限られた司法資源の中で適正な裁判を保障することが不可欠である以上、和解のこのようなメリットの強調は考えられないことではない。しかし、裁判所側のこのようなメリットの過度の強調は第四点でも指摘したように、当事者の訴権の制限に繋がりかねないことを指摘しておく必要があろう。

第四点、第五点を過度に強調することは、比較法的にみて（特に米・独）小規模に過ぎるわが国の司法制度を少しでもより大きな適正規模のものに改めるという点での国家の怠慢をもって、国民の裁判を受ける権利を後退させる結果になることを認識しないといけないと私には思えるのである。

和解がいったん成立してしまえば、その瑕疵をもって、当該和解の無効・取消しを主張することはたしかに事実上極めて困難である。いわんや和解に既判力を認める立場によると再審の訴えがなければこれを取り消すことは極めて困難であることはいうまでもない。それだけに和解の成立については慎重の上にも慎重であらねばならない。この点からみても私は既判力否定説を採用すべきであると考えている。

訴訟上の和解も訴訟手続内に位置づけられた一種のADRであって、それが民事訴訟法によって認められている以上は、これに消極的評価を与える必要は全くないし、これを積極的に活用することに訴訟法が消極的であるとは決していうべきではない。しかしながら、反面それがあまりにも強調ないし活用されすぎることによって、小さな司法資源のもつ難点を回避すること、小さな司法を適正規模の

司法に転換できないでいることの努力不足の正当化として利用されることがあってはならない。和解も含めて近時のADRの拡大が、その努力の回避傾向を拡大する手段になりつつあるという側面が少しでもあるとすれば、それは見逃してはいけない忌々しき問題である。

（2）草野論文は、和解のデメリットとして以下の諸点を挙げている（前掲論文139頁以下）。

第一に当事者が出頭しないと和解を試みることができないという点を指摘されている。この点は正しい指摘である。もっとも訴訟代理人が和解について特別委任を受けている場合は訴訟代理人限りで和解ができないことはないが（民訴法55条2項2号）、通常はこの特別委任があっても、当事者を同伴する場合が多いし、それを裁判所は求めることがあるであろう。なおこの点については拙著『民事調停と訴訟上の和解』（一粒社、昭和54年9月刊）109頁以下参照。

第二に、第三者を和解に引き入れない限り、和解の効力を当該第三者に及ぼしえないということがある旨指摘されている。若干のコメントをすれば次のように言えよう。

第三者のためにする当事者間の和解、例えば公害被害者の一部が原告となったが、原告にならなかった被害者である第三者が当該和解に参加していれば当然それが第三者に対し効力を有するが、仮に第三者の参加がない場合でも、当事者間でのみなされる第三者のための和解が第三者が特定されている限り、それが第三者にとって少なくとも債務名義になる場合があるのではないか。企業に対し損害賠償責任を内容として提起した訴えにおいて、当事者に非ざる他の被害者の為にも和解ができるかという点をめぐっては、肯定説と否定説とが対立している。私は第三者の参加しない第三者の為の和解について第三者は和解の効力を援用できるかという問題について肯定説を採用したことがある（拙著『訴訟行為の研究』41頁以下）。但

第4章　判決と訴訟上の和解

し、第三者が当然債務名義の債権額に不満である場合は別に加害企業との間で、右額に拘束されることなくそれ以上の額の請求訴訟を主張できることはいうまでもない。

　草野論文は次のように述べておられる。「当事者以外の第三者に対しては、和解に引き入れない限り、当該第三者に効力を及ぼす和解ができないことです。仮差押や仮処分がされていたり、抵当権が付けられている物件などは、それ以後の取得者に対抗できますから、判決の場合は、当該第三者を無視すればよいのです。でも、和解であれば、当事者間の任意解決に過ぎませんから、この効果を受けることができません。第三者が少数であれば、和解に引き入れることも可能ですが、多くなると極めて困難です」(前掲論文140頁)とされているのである。仮差押・仮処分債権者や抵当権者が和解に参加してくれれば、原・被告間のみならずこれらの者をも含めて紛争の総合的解決はできるが、しかし当事者間で和解を成立させても、これら第三者がいる場合、第三者との関係で紛争は複雑化してしまうことになることは確かに認められる。しかしながら第三者の参加がなくても第三者のために和解が効力を有することはありうるのではないかと私が考えている点は既述のとおりである。なお、この点について極めて斬新な議論を展開している論稿として、勅使河原和彦「第三者のためにする契約と訴訟上の和解の主体的範囲」中村英郎教授古稀祝賀『民事訴訟法学の新たな展開』平成8年3月成文堂刊391頁以下があり、これに対する私見を述べたものとして本書第8章がある。

　第三者が和解にのみ参加した場合でも当事者間では訴訟上の和解が、第三者対原告との間では起訴前の和解が成立したと解することが可能である。

　草野論文に記述されているように、第三者を和解に引き入れない限り、当該第三者に効力を及ぼすことができない旨の主張に対して

第1節　序　説

は以下のようにいえる。第三者の関与しない和解の当該第三者に対する効力はないとの無効論を前提とすれば、草野論文の見解は全面的に肯定できる。但し第三者が当該和解の当事者の承継人である場合については異なってくる場合がある（この点については、畑宏樹「訴訟上の和解の効力と係争物の承継人への拡張について」明治学院大学「法学研究」79号147頁以下、2006年1月のほか本書第8章参照）。

　デメリットの第三番目として、「境界確定訴訟では、すべてを所有権確認の合意でまかなうというわけにはいかないところもあり、問題の残るところです。所有権確認の趣旨で和解成立した後、境界確定訴訟の再訴があったりすると大変困ります」といわれる。

　この点について私見は以下のとおりである。境界確定の訴えで和解が果たして可能なのであろうか。境界を奈辺に引くかについては、公益がからむので、その面では行政訴訟的要素を含み（この点については、山本和彦「境界確定訴訟」判タ966号（1999年1月1日号）94頁以下参照。）、しかるが故に訴訟上の和解はできないのではないかと思われるがいかがなものであろうか。これに対して、係争地の所有権確認の訴えにあっては、私的利益のみが問題であって公益は問題にならないのであるから訴訟上の和解は可能である。したがって前訴の境界確定の訴えにおいて所有権に関する和解をしておいてという云い方それ自体が無意味であるように思われるのである。

　前訴が係争地の所有権確認の訴えであり、ここで訴訟上の和解をしておいて、後訴として境界確定の訴えを提起することは許されるのであろうか。前訴は係争地の所有権が何処まで及ぶかという所有権の範囲の問題であり、後訴は、両地の境界線が奈辺にあるかという公法上の問題として、問題の性質が異なる。後者であれば当該訴訟において和解はできない。そこでは登記制度に対する信頼性を維持するという公益性が認められるのであって、それは係争地の所有権確認の訴えではない。境界確定訴訟はその点で本来行政訴訟的要

第4章　判決と訴訟上の和解

素を含んでいる。したがって、係争地の所有権確認の目的を以て境界確認の訴えを提起したとしても、それは依然として境界確定の訴えであって係争地の所有権確認の訴えではない。隣地所有者が境界からはみ出してその所有権が及んでいる旨の主張をするならば、その場合の訴訟物は境界確定請求と、はみ出し部分の所有権確認請求とが併合されていると解すべき訴えであると云うことができる。境界確定請求については和解はできないが、右にいうはみ出し部分の所有権については和解は可能であるというべきであろう。

　実は境界確定を望むのに所有権確認のみに限定して提起する訴えは訴えの利益がなく（さらには訴訟物が特定しない場合がありうる）、かような場合は、両者の請求を併合する必要があり、後者の訴えのみでは訴えの利益を欠くというべきなのではないかとの疑問もあるし、両請求は全く別の請求であり、所有権確認訴訟での和解成立は境界に変更をもたらすものではないとも考えられる。

　そうであるとすれば、草野論文の疑問は解消したことになるのではないかと思われる。

　更にまた以下のように考えても草野論文の見解は解消しうるのではないかと思われる。第一に所有権確認の和解が成立した場合、譲歩した隣接地の所有者は和解の既判力を認める立場による以上もはや本来主張している境界について譲歩したのであるから譲歩部分について隣地所有者ではなくなり、そのため境界確定訴訟の当事者適格を失い、境界確定の訴えは不適法になるものと考えられる。したがって境界確定の再訴はできなくなる。

　これに対して、第二に、所有権確認の和解に既判力を認めないとする立場に立つとすれば、和解無効を前提にして隣地所有者は改めて境界確定訴訟を提起することにつき利益を有することになり、後者について訴えの利益が認められることになるというべきであろう。

　第三に、和解の内容と異なって「税務署……が異なる見解をもつ

て和解条項を尊重しないということがありうることです。例えば、五〇〇万円で売買し、慰謝料を五〇〇万円支払うという和解が成立しても、税務署は一〇〇〇万円全額を売買代金として認定して課税することもあります。」とされる。更には、「和解に対する批判や不満の例として（141頁）、裁判所が脅迫的に和解を押し付けてくるとか、足して二で割るような解決案しか示していないとか、事件を落とすことだけに目を奪われているとか、勝訴する人に譲歩させるのは国民の権利義務を抑え、あいまいにしているとか、いたずらに頑張る者だけがゴネ得をしているとか、色々と批判や不満を耳にします」とある。これらは現実に行われることのある和解について、経験に基づいて苦慮されている現象であって（実務上は大変に懸念されるところであると思われることは確かである）、和解の本来の理念である則法性の原則を遵守する限り、いわば病理現象であって、和解制度は裁判官の健全な良識を信じなければ成り立ちえないのではないかと思われる。

　かかる懸念の指摘は和解が理想的な形で行われるための裁判官の心得を説いているのであるし、それは尤もなことである。私見によれば和解が、則法性を原則とする限り、草野教授が述べる和解の諸々の欠点に対する懸念としては指摘されるとおりであると思われるものの、必ずしも解消しえないものではなく、その点ではADR一般におけると同様に和解における則法性が不可欠であることが認識されてしかるべきであることを痛感させる。実務的側面からみれば、私見は理論の戯言といわれるかもしれない。

## 第2節　対席型か交互型か

　草野教授はこの点についていずれを原則とするかは当事者の意思によるとされている。本書第2章第6節において、当事者平等の原

第4章　判決と訴訟上の和解

則（当事者権の保障＝手続保障）ないし情報の共有制という観点から対席型が原則であって交互型は例外的に必要に応じて用いるべき方式である旨が一般的に説かれていることに言及した。加えて、本書第6章第4節において、裁判官の中立性の理念との関連させ、交互型ではなく対席型のみが適法である旨を説いた。

## 第3節　和解勧試時期

和解勧試の時期については本書第2章第5節において若干言及している。（1）主張及び証拠の整理手続の終了時期、（2）結審前の時期、（3）民訴法89条によって訴訟のいかなる段階にあるかを問わないとする換言すれば（1）以前であっても和解を勧試することも可とする見解三段階の主張が考えられる。草野教授は（3）を採用されているようである（142〜143頁）。たしかに民訴法89条がある以上草野説は正しい。ただ私見は（1）（2）が望ましいと考えている。特に（1）以前の段階では、裁判所として事件の争点も証拠にも不案内のまま和解手続に入ることになるので則法性のある和解を成立させるべきであるという観点からみると適切ではないように思われるからである。裁判所としては（1）ないし（2）の段階を終えてはじめて事件の概要を把握できることになるのであろうし、それであってはじめて則法性のある和解の成立が期待できるものと思われる。

もっとも、以上に述べたところに関連して、私の東京地方裁判所における民事調停委員としての経験について若干言及しておきたい。私の経験は旧民訴法時代のものであるが、事件が審理らしい審理に入る以前に調停に付されることがしばしばあった。訴状と答弁書を閲読しただけでもっぱら調停に向く事件であるという事件がないわけではないのである。前記（1）（2）の段階以前に一・二回の口

頭弁論期日を経て調停に付される。この点を考慮すると当然（3）の見解が誤りであるとはいえないが、やはり（1）（2）こそが和解に付するべき時期の原則であるように思われるのである。

## 第4節　結　語

　以上において草野論文について四つの事項に言及しておきたい。第一に同論文が本当に取り上げたかった主要な部分は「七　和解技術論」（144頁以下）、および「八　和解技術論のその後」（149頁以下）なのであろう。本稿で言及したのは同論文の第一章から第六章までである。第七章、第八章に言及しなかったのは私自身の和解技術論の研究が未だ十分とはいえないからである。かねてから私が主張しているようにADRや和解の則法性を主張するならば、それがまさに和解技術論において具体化されなければならないのであろう。

　若干の論稿のなかには抽象的概念の具体化を実務に丸投げをしてその具体化は実務の積み重ねによると記述しているものが散見される。しかし実務にその具体化の基準を示すことは研究者ないし学説の役割であり責任である。本稿は草野論文の示された第七章、第八章について私は研究者としての責務を今のところ果たしていないといってよいであろう。今後の課題としたいと思う。本稿は草野論文の第二章から第五章までの記述に対する私見をまとめた小論にとどまっていることをお断りしておきたい。

　第二に、草野論文の第一章から第六章までの内容は実務からみた問題点を的確に描写した和解総論であると思う。本章はそれに対して敢えてコメントを加えて草野論文のテーゼに対する若干の私見を述べたものである。本章は草野論文の論旨を否定しているとはいえないかもしれないし、アンチテーゼになっていない部分もあることを告白しておきたい。実務の取扱いや実務の感覚はそれなりの合理

性をもつからこそ成立つ場合が多いからである。

　第三に、私は今は退職されたガウル（Gaul）教授のお世話でかつてドイツのBonn大学法学部においてADRに関して講演する機会を与えていただいた。その折に、ADRの則法性について論じたことがあった。ADRによる紛争解決は則法性を原則とし、そこからどれだけ乖離する解決を導くことができるかという方法論をとるべきで、初めから則法性を無視すべきものではない旨を説いた。質疑のなかでその説くところに異論はないが、問題はどこまで乖離できるかという点であって、その乖離を決める基準いかん、この原理を適用した具体例を示してほしいという質問があった。この問題はまさに草野論文第七章の問題である。

　第四に、ドイツ・フライブルク大学でライポルト（Leipold）、シュツルナー（Stürner）両教授の合同ゼミナールで同じくADRについて報告した折に、調停その他のADRについて、解決事例集が刊行されているかという質問が提出され、これに対し一部を除いて刊行されていない旨答えたところ、それでは紛争解決の予測可能性も法的安定性も欠き不都合ではないかとの疑問が呈されたことを記憶している。誠に尤もな疑問である。

　なお、訴訟上の和解の実務的側面からの論述としては瀬木比呂志氏の前掲論稿にも評価すべきものである。本稿では草野論文に対象を限定し瀬木論稿については時間的関係から別の機会に言及することにしたい。

# 第5章　訴訟上の和解をめぐるその他若干の論点について

第1節　序　　論
第2節　訴訟上の和解における手続保障
第3節　和解率の問題
第4節　和解の地域差の問題
第5節　和解勧試の時期
第6節　和解における裁判官の役割
第7節　裁判官の和解における行動
第8節　結　　語

## 第1節　序　　論

　本稿は、田中豊「民事第一審訴訟における和解について——裁判官の役割を中心に——」民訴雑誌32号133頁以下、及び草野芳郎「和解実務の過去、現在、未来」司法研修所論集96号100頁以下（1998年）の論稿に対する私見を展開したものである。以下、前者を「田中論文」、後者を「草野論文」と略す。ところで民訴雑誌32号は1982年に刊行されたものであるが、和解実務を知る上で貴重なので、本章において敢えて取り上げることにした。詳細な文献が付せられているが、それらについては田中論文の引用文献を御覧頂くことにして、本稿では田中論文の頁数を指摘するにとどめた。草野論文についても同様のことがいえる。

## 第2節　訴訟上の和解における手続保障

　訴訟上の和解も裁判所における紛争解決方式の一つであることに

第5章　訴訟上の和解をめぐるその他若干の論点について

加えて、和解条項は当事者の納得しうるものでなければならないのであるから、そこに手続保障が要求されることはいうまでもない。この点に関連して重要な問題としてかねてより交互型か対席型のいずれによるべきかという点が問題とされてきた

　当然のことながら和解は判決ではないから、憲法82条第1項の公開原則の適用がない。かつてはほとんどの和解が交互型で行われていた。これに対して西口判事が手続の公正、手続保障という見地から和解においては対席和解を原則とすべきである旨を提唱されて以降、対席和解が増加しているといわれる。

　たしかに対席和解の場合、当事者は直接相手と対席しつつ事実問題、法律問題について相手方の主張を聞いて、これらについて反論することによって、攻撃防御の方法を相互に保障されることになり、手続のフェアネス、簡素化や迅速化が保たれることになる。裁判官も両者に対し、その事実問題、法律問題を公平に聴取したうえで法律的解釈を開示しつつ両者を説得するという手続保障と手続進行の簡素化、迅速化をはかることができる。対席型によれば、裁判は本音で勝負すべきで、相手方に言えないような事項を内密に裁判官に伝えるべきではないのであるから、利用者に信頼される適正な裁判をすることに使命感を感じている裁判官として、対席和解の原則性を守りたいという考え方がとられる[1]、ということになるべきなのである。

　これに対して、草野論文114頁では、交互型がより秀れているとされている。

　私も対席和解が手続保障の重要な原則であり、且つ両当事者には相手方の主張がわかるので交互型におけるように裁判所がそれぞれの主張を相手方に説明する手間が省けるという裁判所の負担軽減につながる（有益な省力化）と考えている。しかし提唱されているように、この対席和解論はあくまでも和解の原則を説いたものであっ

## 第2節 訴訟上の和解における手続保障

て、例外的に交互型を全く認めないものではないとの見解も説かれている。例えば、当事者間の感情的対立が激しく対席方式では和解手続が続行できない場合であるとか、当事者に相手方に通常開示しえない事情（例えば営業秘密とかプライバシーに関する秘密）があるときとか、あるいは、譲歩の最終的限度を裁判官にのみ知っておいてもらいたいが、相手方に知られたくないような場合等がこれである。これに対して、対席型は民事訴訟法上の基本的原理であり、両当事者の情報の共有性という利益に重点が置かれている。しかるがゆえに両当事者が一致して、特に交互型を希望する場合は、両当事者自身が当事者権や情報の共有性という手続上のメリットを放棄しているのであるから、両当事者の一致した希望に従うべきであろうという対席制限論（例外的交互型論）がある。

なお、一方当事者からの手続聴取中に相手方に陪席させるが発言は認めないという準対席型も認める余地はあるが、これなら情報の共有は可能である。但しこの方式もこれを妨げる前記の諸事情がある場合は採用できないし、一般的にいえば対席型で両当事者が争点についてお互いの事実及び法律問題について対論させるほうが手続としてははるかに効率的ではないかと思う。但し私見は交互型や対席制限論は認めない（この点については本書第6章第4節）。

草野論文は交互型によると裁判官はアンフェアな手続を進める可能性があるといえるとの懸念に対してアンフェアな方式をとるという危険は、裁判官がそもそもフェアであるという観点を強調して否定されている。わが国の裁判官がフェアであることは認めるものであるが、しかし民事訴訟そのものが、手続保障として双方対席を採用していることからみれば、草野論文には些か無理があるのではないかと思われるのである。当然のことながら和解について対席型をとるか交互型をとるかは、和解手続の開始にあたり、制度を利用する当事者の意思を優先すべしとされているのであるから（草野論文

第5章　訴訟上の和解をめぐるその他若干の論点について

115頁)、手続保障の自主的放棄が可能という観点からみると実質的に原則交互型をとっても原則対席型論との間にそう大きな違いはないものと思われるが、問題はいずれのタイプを原則的なものとするかという点で、両者の理論的相違が出てくるように思われる。但し、私見のように交互型の完全否定説をとればそもそも交互型はとれないことになる。

田中論文は対席型か交互型かを事件の類型によって以下のように分類されている（150頁）。

第一に、いずれの方式を採用するかについては、当事者の意思を尊重するものとされる。すなわち双方の当事者がともに対席方式を希望する場合は対席方式を採用すべきであるとされる。しかしながら手続保障という観点からみると、和解が紛争の自主的解決方式である以上、この点に全く問題はないといえるであろうか。当事者の手続保障という要請から対席型を原則とする以上、双方当事者が対席型の希望は両者ともに手続保障を放棄していないのであるから、手続保障の要請から敢えて交互型を採用する必要はないし、すべきでもない。しかし情報共有による手続促進の要請という関係を考えると対席型に裁判所の負担軽減という訴訟経済の公益が優先するから、やはり原則は対席型によるべきであるという点では問題がない。とはいっても両当事者が揃って対席型を望まず交互型によるべき旨希望する場合には交互型によらないと和解手続は違法ということになってしまう。しかしながらそのことは原則が対席型である旨の命題を否定するものではないというべきであろう。但し私見は、本書第6章第4節で書いたように対席型をとるべきで、交互型は違法と考えている。

第二に、和解の内容が利益調整型である場合は対席型をとるとされる。しかし、この場合でも、私見は対席型という理念型は維持されるべきであるし、利益調整型であることのみを以て敢えて交互型

を採用する必要性はないというべきであると考える。ただし交互型を認める見解の下では、和解が利益調整型であっても例えば譲歩の限度を相手方に知られたくない場合、従来の見解によると特に当事者が希望すればその場合に限って交互型に切り替えることはできるものと解すべきであるということになる。ただし私見について本書第6章第4節において利益調整事件であるか否かによって型を区別するのではなく、もっぱら対席型で処理すべきであると考えている。

以上の二つの分類のほか、田中論文では第三、第四の場合が付加されているが、敢えてこれに反対する理由はないと思う。

## 第3節　和解率の問題

和解による紛争解決のメリットはしばしば指摘されているところである（田中論文154頁以下）。そのメリットは訴訟外のADRについても通用することはいうまでもない。実体法的にみれば、判決によるオール・オア・ナッシングの解決が実質上公平性を欠くと思われるような場合は和解による解決にメリットがあるし、履行確保が図れるといった和解のメリットはしばしば指摘されているところである。その一環として主に利益調整型の紛争において和解が判決による解決以上の実効性をもつという点は、重要な指摘である。調停委員としての私の経験からすると、この種の事件は、しばしば口頭弁論の初期段階から調停にまわされてくる（本書第1章第2節、第2章第5節、第5章第5節、第4章第3節参照）。

このような紛争の実質的性質から早期に和解による解決を探ることについては全く問題はない。これに対して裁判所の負担軽減という観点から和解による解決を探るということも和解の手続上のメリットの一つと考えられている。しかし、裁判所が判決することの負担を避けるために和解率をあげる、そのために和解を活用するこ

第5章　訴訟上の和解をめぐるその他若干の論点について

とはいかがなものであろうか。訴訟の目的論や訴権論についていかなる見解を取ろうとも、裁判による紛争解決には、法秩序維持という効用が認められており、主として裁判所の省力化という観点のみからみて和解率を高めることは好ましいことではないと私は考えている。「和解判事になる勿れ」という命題はこの範囲では正しいといえる。論者は云うかもしれない。今日のような小規模司法の下で裁判所の省力化は不可欠である、そのために和解による解決率を上げることは必要不可欠な要請である、と。現在の司法が適性規模を欠いて小さいことはしばしば指摘されているところである。法曹養成制度を改革し法科大学院や新司法試験制度に移行した目的の一つに大規模司法（私はこれを「適正規模の司法」という）への司法制度の拡大が含まれている[2]。

しかしながら、どんなに司法の容量を拡大してみても訴訟社会化に完全に対応することは不可能であることは理解できる。しかしながら、だからといって、裁判所の負担過重の軽減策として裁判所の和解による省力化を過度に許すことを正当化することはできない。それを認めることは訴訟の目的からみて司法の自己否定に繋がることになるからである。

訴えの取下げにより訴訟係属が消滅する事件数がかなり多いことが統計上明らかにされているが、この点も訴訟外の和解の成立に基因することによることが推測されている。訴訟上の和解に準じて裁判所の示唆による訴訟外の和解・訴えの取下げも裁判所の省力化に繋がるところである。この種の裁判外の和解も司法の負担軽減に繋がっている。

いずれにしても裁判上の和解および裁判外の和解による訴えの取下げ等をもって司法の省力化が極端に増加することは司法の本来的目的の一つである法秩序維持の要請に反することになるであろうし、国民の法意識の強化につながらないことになろう。この意味におい

## 第4節　和解の地域差の問題

　訴訟における紛争解決を判決によるのか和解によるのかという点をめぐって、および和解による場合も成立までの期間について地域差があるようである（田中論文136頁以下）。この点あまり声高に強調することではないかもしれないが、和解率、そしてその反面としての判決率の高低は地域差によるという要素もありえようが法の下の平等という観点からすると好ましいことではない。ドイツでは統一の民事訴訟法の下でさえよく聞くことであるが、「裁判所毎に訴訟法がある」といわれている。連邦国家ならばさもありなんと思わないでもないが、単一国家であるわが国のもとでそれはいかなるものであろうか。多少の地域差があることは地域の特殊性から許されるとはいえ、その差があまりに著しくなるということは、法の下の平等という観点からみると一考を要すべき問題ではないかと考える[3]。

## 第5節　和解勧試の時期

　和解勧試の時期については大別して三つの基準が考えられる。第一に争点及び証拠の整理手続が終了したとき、第二は、重要な争点について有力な証拠調べが終了し裁判官が相当程度の心証を得たとき、第三は、証拠調べが終了し結審できるときがそれぞれ挙げられている。上記第一段階で和解が成立する事件が全体の7割程度といわれている（田中論文140頁）。私はかねてより第一段階を主張していたので（本書第2章第5節、第4章第3節参照）数字的には私見が裏付けられているように思う[4]。争点及び証拠の整理手続が終了す

れば裁判所としても事件の事実的法的実情を知ることができるからである。

## 第6節　和解における裁判官の役割

田中論文は和解に対する裁判官の参加スタイルと称する章を設けている。そこで田中論文はこの点についてスタイルを三種類に分類している（146頁以下）。第一は、第一審係属中第一回口頭弁論から結審に至るまで常に和解の可能性を念頭において訴訟運営にあたる積極型。当事者、代理人から積極的に同意を得られなくても和解を勧告する。そのために各手続段階でそれまでに得られた心証を開示する。第二は中間型である。すなわち、和解の勧試は一方からその希望が述べられた場合、又は裁判官が打診し双方が了承した場合に限る。勧試時期は主張・書証が整理された段階とし、原則として主要な人証の証拠調べが終了した後とする。心証の開示は必要最小限とする。第三は消極型である。和解の勧試は一方がその希望を述べた場合に限り裁判官はイニシアティブをとって勧試はしない。和解案の提示、心証の開示はせず、両者の提案の取次ぎをし互譲を求めるにとどめる。

加えてこれらに三種類の差が生じる根拠として以下の三項目を挙げる。第一は、裁判官の訴訟観、和解観の差、第二は裁判官の手続事件の負担及び交渉技術に関する自己評価、第三は当該地域住民の気質、弁護士の気質等がこれである。

以上に挙げた裁判官の役割ないし関わり方における私見は以下のとおりである。現行民訴法264条の和解条項案の書面による受諾、同265条の裁判所が定める和解条項に関する規定が新たに加えられたところからみると、一般的にみて新民訴法は旧民訴法におけるよりも和解による訴訟事件の解決により積極的になっているものとみ

ることができる。加えて、同89条は「訴訟がいかなる程度にあるかを問わず、和解を試み……ることができる」とする規定は残されている。かような観点からみると、私は基本的には過度に渉らない限り和解積極型が望ましいのではないかと考えている。事実関係の認定についても法律解釈についても特別の困難をともなわない事件等に関しても、履行確保等の観点から判決よりも和解が適当と思われる事件については、より一層裁判官は和解に対して積極性をもってもよいのではないかと考えられる。この場合、心証開示に過度の間接強制的効果をもたせるというように、和解における合意の任意性を損なうことがあってはならないことは当然である。

## 第7節　裁判官の和解における行動

　田中論文では（149頁以下）交互型を採用する理由として以下の事項が挙げられている（本書第2章第6節、第4章第2節参照）。
①本人訴訟の場合、双方対席では実のある議論ができない。②感情的確執に対するカウンセリングの要素の重視、③およそ和解条件には大きな幅があることが多いが、訴訟戦略上強硬な態度をとる当事者、代理人から率直な妥協点を引き出すために双方対席のままの和解交渉はしづらいこと、④和解交渉の中で開示する必要のないもの、あるいは開示しづらいものがあること等がこれである。たしかに現状ではこのような諸事情は考えられる。しかも、それらを決して過小評価すべきではないといえるかもしれない。これら諸事情については以下のように考えられないであろうか。上記①は裁判官の論点説示や釈明によりある程度解消できないものではないし、②は裁判官のある程度の説示をもって解消できないものであろうか。しかし②も総体的にみると対席型を否定するほど強い理由になるか否か疑問は残る。③は裁判官のある種の心証開示を認める立場からみると

## 第5章 訴訟上の和解をめぐるその他若干の論点について

（私見は消極説）それに基づく説得によりある程度回避できないわけではないと考えられること、④についていえば、交互型を認める前提に立てば交互型を例外的採用することが考えられるし、インカメラ手続をとることもできる。

対席型にしても、交互型にしても、通説は交互型否定説ではなく、両者は和解手続の原則論の対立に過ぎない。確かに従来対席型を情報の共有（適正手続の保障）、裁判所の負担軽減という観点から採用するべき旨を主張しながら、その必要性が強く感じられる場合にまで交互型の採用を例外的に認めることまで否定するものではないという見解が近時の通説といってよい。手続保障の観点を重視して、対席型を原則としながら、その趣旨、目的に反しない限りにおいて、例外的に両当事者の合意を前提に交互型を取り入れるというべきであるとするのである。そうすると両者は常に二者択一の関係にあるというものではないということになる。しかし私見は対席型と交互型を原則、例外の関係にあるとすべきではなく、交互型を全く認めるべきではないと考えている（この点について特に本書第4章第6節参照）。

両当事者があくまでも対席型を拒否し交互型を求めるにもかかわらず裁判所が対席にこだわるならば和解は結果的に成立し得ないことにもなるし、その逆の場合にも、そのいずれによるかには両当事者の意思にかかっている面があることも否定できない（この点については田中論文150頁参照）。但し私見は対席型のみを適法と考えていることはこれまでもしばしば述べてきたところである。

田中論文150頁は訴訟上の和解の勧試にあたり、その実践方法として上記に言及したところであるが、第一に両方式のいずれを採用するか、両当事者の意思を確認することが挙げられている。和解は当事者の合意による紛争解決であるから、交互方式も認める前提に立てばいずれの方式をとるかについて当事者の意思を尊重すべきで

あることはいうまでもないことになるが、しかし手続保障や裁判所の省力化（この点について私は消極的）という点から見て対席方式が原則である旨は理由を付して説明しておく必要があるものと思われる。理由として特に手続保障の観点が対席型の特質であり、したがって対席型が和解の原則である点を強調する必要があるものと思われる。但し私見は本書第6章第4節にみられるように裁判官の中立性の観点から交互型違法説に立つ。第二に利益調整型和解の場合、原則として対席型が好ましい旨説かれている（田中・前掲論文150頁）。この型の和解にあっては交互型容認説を認めたとしても当事者が交互型の同意があるなどの例外的事由がある場合を除いて対席型が好ましいことはいうまでもない。

## 第8節　結　　語

　本章は平成20年8月1日に開催された日本経営実務法学会第9回大会における報告のために執筆したものである。同学会機関誌『経営実務法』11号（2009年4月刊）には、諸般の事情から掲載することができなかった。そこで法学研究（愛知学院大）51巻3・4号に掲載していただくことにした。主として冒頭に挙げた田中豊論文を中心にして、執筆したものである。田中論文の論点の全般に渉って論じる積りであったが、報告時間及び機関誌紙幅の関係から論点を絞らざるを得なかった。

**注**
1）西口元「争点整理の原点に立ち返って」判タ915号（1996年10月5日号）64頁。西口元、太田朝陽、河野一郎「チームワークによる汎用的訴訟運営を目指して（3）」判タ849号（1994年9月1日号）18、26頁、同論文「（5）完」判タ858号（1994年12月1日号）69頁等参照。

第5章　訴訟上の和解をめぐるその他若干の論点について

2）法曹養成制度の改革により実務法曹の増員を考えながら、他方で在朝法曹を増員し司法の適正規模への拡大に向けての努力がそれほど顕著ではないことは誠に残念なことである。
3）私はかつて、執行債権を強制管理により執行できるのに当該不動産を強制競売することは比例原則に反するのではないかと考えて、某裁判所の執行部に訊ねたところ、当該裁判所では強制管理はほとんどないとの回答をえたが、別の機会に他の裁判所の管轄内では強制管理が行われることを知ったという経験がある。
4）本章第8節に記載した私の二論文を参照されたい。

# 第6章　訴訟上の和解をめぐる若干の疑問

第1節　序　　説
第2節　和解担当機関──和解は当該訴訟の裁判体が扱うべきか──
第3節　心証開示論
第4節　対席型か交互型か


## 第1節　序　　説

　本書第5章までに和解手続論について若干の論点を指摘してきたが、本章において、繰り返しになることを厭わずここに私の主張を明確化しておきたいと思う。

　本稿が取り上げようとする和解をめぐる主要問題は三点である。第一は和解担当機関の問題であり、第二は和解手続における心証開示論である。すなわち、当事者は裁判所に対して心証開示請求権をもつか、逆にいうと、裁判所は上記請求権の行使があったとき心証開示義務を負うかという問題である。第三の問題は和解手続の型の問題である。第一の問題は訴訟および和解手続における心証形成論と関係してくる。すなわち、通常和解手続のなかで担当裁判官によってある程度の心証形成がなされてしまうが、その形成された心証が和解不成立の場合、訴訟における心証形成に影響する可能性がないか、そうであるとすると、それは背理ではないのかという問題である。第二の問題は和解における手続保障の観点から、裁判所の心証開示が当事者の心証開示請求権という権利として、逆にいえば裁判所にこれに対応した心証開示義務として認められるということは、ある意味では判決の前倒し的意味をもつことになるが、それが認められてしかるべきかという訴訟法上の問題につながるものであ

る。第三の問題は、和解手続の型、すなわち対席型か交互型かという問題である。私見は現在の通説や有力説と異なり、対席型のみが適法であり交互型は違法であるとの見解をとる。その意味で、私見は実務の立場から受け入れ難く反論さるべきものであるかもしれない。あえてここに拙論を纏めておきたい。

## 第2節　和解担当機関
——和解は当該訴訟の裁判体が扱うべきか——

　訴訟における心証形成は訴訟手続のなかで行われなければならない。不成立の場合、すでに和解手続のなかで形成された心証から離れて改めて再開された訴訟手続のなかで心証形成をなすべきであり、前者が後者に対してなんらかの意味で影響を与えることがあってはならないであろう。その影響は訴訟における心証形成の在り方に反することになるのではないか。訴訟手続において形成されるべき心証を和解手続のなかで形成し、これを判決の基礎にすることの違法性は認められてしかるべきである。

　本来ならば和解手続中において形成された心証とは切り離して、訴訟手続のなかで改めて心証形成をするということになるのであろうが、そうはいっても現実問題として前者が後者に一定の影響を与えないとは言い切れない。裁判官も人間である以上そうならざるを得ないであろうという懸念である。論者は次のように言うであろう。上記二つの心証は当然のことながら区別すべきである。すなわち判決の基礎になる心証は対席公開の判決手続のなかで形成されるべきであり、非公開、場合によっては非対席の和解手続において形成されるべきものではないからである。訴訟を担当する裁判体が、あるいはその一部である受命裁判官が、和解手続中で一定の心証を形成することは当然のことであるが、訴訟に同じ裁判体あるいは受命裁

## 第2節　和解担当機関

判官を含む裁判体が和解手続において得られたその心証をいささかなりとも裁判の前提として判決手続において用いることがあるとすれば、それは、判決裁判所と和解裁判所との役割分担の定めに違反することになり、判決は誤った心証形成手続において形成された心証に基づくものであって違法な判決というべきなのであろうという疑問が生じる。そこに判決裁判所と和解裁判官との役割衝突があることは既に旧く私が指摘した点である（「和解裁判官と訴訟裁判官の役割衝突」拙著『民事法の諸問題』〔一粒社、昭和62年〕289頁以下）。そうであるとすると、和解は訴訟担当裁判体と別個の和解手続担当裁判体（このような用語は従来存在していない。そこで和解手続を担当する裁判体を和解手続担当裁判体とも呼称すべきか）に委ねるのが適当であるとはいえないであろうか。調停手続に事件を移す場合であれば、裁判体とは別の調停委員会が調停手続を担当することによってこの問題は回避することができる。これに対して訴訟上の和解が行われる場合については、当該事件を担当する裁判体それ自体またはその受命裁判官が和解手続を担当することになり、受訴裁判所が和解手続の中で本来公開要請のある本案判決手続におけると結果的には同様の心証をある程度形成してしまうことになることが訴訟法における手続の建前と矛盾するのではないかという懸念が残るのではないのか。かように考えると、訴訟法に規定はないものの、訴訟上の和解は従来説かれていたように受訴裁判体が行うべきものではなく、むしろ、あるいは和解裁判体ともいうべき別の裁判体にこれを委ねるべきなのではないかという疑問は残るのである。

　判決手続担当裁判体と和解手続担当裁判体との役割衝突に関する上記の問題を解決する抜本的対策としては、第一に民事裁判と調停の関係におけるように両者を完全に分離し、後者を前者から区別し、後者に和解を担当させるという方法が考えられる。旧民訴法から現行民訴法にいたるまでこの制度を訴訟上の和解と称している文言か

第6章　訴訟上の和解をめぐる若干の疑問

らみれば、両者を完全に区別することは、解釈論としては行き過ぎなのであろう。そこで、第二にその弊害を少しでも緩和すべく訴訟係属の裁判体ではなく、中途半端ではあるが、受命裁判官に和解を担当させるという方法が考えられる。現行法の解釈としてはこの方向は考えられなくはないし、行われてもいる。和解手続も訴訟手続と同じ裁判体に主宰されているからである。ただしこの論理は単独体の場合適用されないし、合議体の場合でも受命裁判官が合議体を構成する他の裁判官と協議しつつ和解を進めている場合にはあまり意味がないといえる。かように考えてくると、この役割衝突を解決しようとすれば、なんらかの立法上の手当をする以外にはないことになる。現行法は、そのうちに役割衝突を飲み込んだうえで、和解不成立の場合に和解手続の前後の判決手続の訴訟資料のみから心証形成をせよとの見解を前提としているのであろう。現行法の解釈としてはそのとおりであろうが、私見は立法論として前記第一の方法をとるべきであるように考えている。

## 第3節　心証開示論

　私は心証開示については、かねてより和解の成功率を上げるという観点から基本的に肯定する見解をとっていた。そのうえで和解における心証開示は、その成立を促すという点で間接強制的役割を果たし、間接強制的な作用は和解の自由意思による合意性という基本的性格を害する側面もあるので、心証開示請求権を全面的に認めることについてやや躊躇を覚えないわけではない旨を説いた。それは全面的に心証開示請求権を認める見解とこれを否定する見解との中間に位置する立場であったように思う。裁判所は心証を開示することにより和解の成立に誘導することについて、いささかも強制的要素があってはならないということである。これも心証開示にブレー

キをかける一つの要素になるのではあるが、私見がここで心証開示について明確に消極説に変わったのは、特に主要事実に関する心証開示が判決予告、判決の前倒し的意味をもつがゆえにそれが許されないのではないかという疑問を根拠としている。

因みに民事訴訟と調停の間には上記のような懸念は一切存在しない。民事訴訟と調停はそれぞれ別個の機関により扱われるからである。

心証開示も同様である。受訴裁判所が判決以前に心証開示することは、場合によっては、判決内容の前倒しになるようなことになる場合があるであろう。かような心証開示は訴訟法上許されるのであろうか。判決内容の予告は手続法上は許されないのであって、和解手続担当裁判体（一応そう云っておく）に許されるとすれば、それは、争点の指摘義務にとどまるのではないかとも思われるのである。

特に口頭弁論終結時に近ければ近いだけ心証開示は実質的に判決の前倒しの傾向をもつことになる。それ以前の段階であっても主要事実についての心証開示はたとえその一部についてではあっても判決の一部前倒し的な意味をもつので問題が残るように思われるのである。

そこで私見は以下のごときものになる。当事者に与えるべきものは心証開示請求権ではない、したがって、裁判所のこれに対応する心証開示義務も認めるべきではないというべきであろう。むしろ一歩も二歩も譲って裁判所には和解にあたり争点摘示義務が存するに過ぎないというべきなのであろう。裁判所の開示義務をこの程度に抑えておけば任意の合意を前提とする和解について開示がもつ間接強制的要素は少なくとも避けられるのではないかと考えるのである。心証開示義務を強制力のない義務、自然債務的義務と解するということにしても、この見解によると裁判所に開示を強制できないものの義務づけは残ることになる。このような解釈は不都合ではないか

と考える。

　裁判所が釈明義務を負う場合、部分的には心証開示と同じ結果をもたらすようなケースがないわけではない、したがってそれはある意味では心証開示ではないかとの反論も考えられなくはない。しかし消極的釈明にとどまらず、積極的釈明の場合にあっても、広い意味では主張等の不明を正すことに目的をもつもので、本来心証開示をするための制度ではない。和解のための心証開示請求権を認めることは、その内容いかんによっては裁判所に対して判決の前倒しを求めることである。実質的にみて判決の前倒しを求める心証開示請求権というものは存在しないのではないかと思われる。許されるのは論点の開示請求に限られるのであって、開示された論点についてもつであろう裁判所の心証は、開示すべきものではなく当事者側が訴訟状態から推測により自ずから判断すべきものなのである。

## 第4節　対席型か交互型か

　訴訟上の和解や調停において両当事者の事実認識の相違やそれに由来する法的評価の相違が異なるために互譲の範囲に幅がでてくる場合がありうる。その相違には感情的対立も反映しうるであろう。そのような場合に対席型ではかえって感情的対立を煽ってしまい、互譲が成立ち難い場合もでてくる。この点のみからみれば、かような場合交互型のほうが互譲を引き出し易いという面がないわけではない。しかし、さような場合でも裁判官や調停委員会が幅のある解釈のなかから互譲を引き出すのが裁判官の力量というものであろう。かような場合に交互型によって裁判官の中立性を多少なりとも緩和して互譲を引き出すのが適切なのか、あるいは対席型を堅持して幅のある事実関係の下で互譲を引き出すために当事者を説得することが裁判官の権威であり、中立性の維持を優先すべきなのかという点

を考慮して方式のいずれを採用するかという点が問題なのである。私見は裁判官の中立性という侵すべからざる憲法上の要請を第一に考えるべきではないかと考えるのである。交互型を採用して、一方当事者の意向や譲歩の限度を相手方に正確に伝えることなく相手方の譲歩の和解成立に向けても駆引きに使うというのはまさに裁判官の中立性に反することになるのではないかと考える。中立性維持という理念を堅持するならば、交互型は手続上違法ということになる。この点については、本書第2章第6節、第4章第2節、第6章第4節、第9章第3節2を参照。

　なお筆者はある元裁判官から聞いた話がある。すなわち当事者は単独で裁判官に当該事件をめぐる事情を聞いてもらえればそれだけで満足する場合があるという。いわばガス抜きの機能を果たす場合であれば交互型でよいのではないかといわれるのである。しかしこのような交互型はまさに他方に伝え反論する余地も与えないままに手続を済ませるものであって、公平中立とはいえないというべきであろう。また、その意味で対席型のみが当事者の手続保障や裁判官の中立性を護る型ではないかと考えるのである。

# 第7章　訴訟上の和解の効力と承継人

第1節　序説——東京地裁平成15年1月21日判決を契機として——
  1　事実関係
  2　判　　旨
  3　問題提起
第2節　本件判決の問題点
  1　訴訟上の和解の既判力の問題
  (1)　既判力の問題
  (2)　本件撤去請求の実行は権利濫用か
第3節　承継人による和解に関する善意・悪意
第4節　既判力の拡張か執行力の拡張か
第5節　結　語


## 第1節　序説——東京地裁平成15年1月21日判決を契機として——

　訴訟上の和解の効力が和解の対象である権利義務の承継人へ拡張されるか否かという問題をめぐって、東京地裁平成15年1月21日（判時1828号59頁）の判例がある（以下、「平成15年判決」と略す[1]）。本件に関する判例紹介・判批等については本章注1を参照されたい。特にこの問題を詳細に検討しているのは本章注1に挙げた畑宏樹教授の論文であり、注目に値するものと思う。以下の拙稿もこの論文に啓発された点が多いし、本件判決の事実関係の特質からみると畑論文は、一理ある考え方であるように思う。それだけに同論文の記述に対してここに敬意と謝意とを表しておきたい。
　まず、当該判決の事実関係、および判旨を便宜上ここに紹介しておこう。

## 1　事実関係[2]

第7章　訴訟上の和解の効力と承継人

事実関係は以下のとおりである。

X（本件マンション北側隣地所有者）は、その所有地の南側に建てるマンションにより日照権を侵害されるので、$Y_1$（発注者）、$Y_2$（建設会社）に対し本件建物の建築禁止仮処分の申立てをし、審尋期日にX・$Y_1$・$Y_2$間に訴訟上の和解が成立した。条項は、①本件建物の5階及び6階の一部を削り、冬至日の日陰ラインを40cm低くすること、②本件建物の最高の高さを10cm低くすること、であった。

しかるに$Y_1$、$Y_2$は本件和解に違反した建物を建てたためにX側の冬至日の日陰時間が長くなり、Xはその日照を制限されることになった。本件建物の問題区分所有部分を和解成立後購入した$Y_3$は、前記訴訟上の和解については、$Y_1$から説明を受けていなかった。

そこでXは、$Y_1$・$Y_2$に対して、①主位請求として、和解にしたがい本件建物の一部撤去、②予備的請求として、和解上の義務の債務不履行または不法行為の損害賠償請求をしたのが本件訴えである。

## 2　判　　旨

本件判決の判旨は以下のとおりである。主位請求棄却、予備的請求一部認容。

本件判決は二つの要点から構成される。第一は訴訟上の和解について、いわゆる制限的既判力説の見解をとり、和解が有効である限り、民訴法115条1項3号により既判力が$Y_3$に及ぶとする部分、第二は、執行力も$Y_3$に及ぶものの、その執行は違法であるとする部分がこれである。

主位請求については以下のように説く。

〔争点1〕　$Y_3$らに本件和解の効力が及ぶかについて。

「民訴法267条によれば、和解を調書に記載したときは、その記

載は、確定判決と同一の効力を有するものと規定されていることに加え……、本件和解の成立に際し、原告（債権者）（X＝筆者注）や被告２社（債務者ら）（$Y_1$、$Y_2$＝筆者注）には錯誤などの意思表示の瑕疵が存在するとは認められないことからすれば、本件和解は既判力を有するものと解するのが相当である。

　そして、民訴法115条１項３号、１号によれば、当事者の口頭弁論終結後の承継人には確定判決の効力が及ぶ旨規定されているところ……、被告区分所有者ら（$Y_3$＝筆者注）は本件和解成立後に本件マンションの区分所有権を取得したと認められ、これは上記当事者の口頭弁論終結後の承継人に該当すると解されること、本件仮処分において原告が請求の根拠としたのは、原告宅の土地及び建物所有権又は人格権（日照権）に基づく妨害予防請求権としての、建物を一定以上の高さに建てないという不作為請求権であるが、これらは物権的権利であると認められることからすれば、既判力を含めた本件和解の効力は、被告区分所有者らに及ぶものと解するのが相当である。

　したがって、被告区分所有者らは、被告２社が本件和解に基づいて負担した、一定以上の高さの本件マンションを建築しないという不作為債務、さらに、当然にその債務から発生することになる違反結果除去義務、すなわち、本件マンションのうち、本件和解に違反して建築された部分を撤去する義務を承継して負担することになると解するのが相当である。」

〔**争点２**〕本件建物の一部撤去の可否について。

「本件において、原告から本件マンションの一部撤去を請求されている被告区分所有者らは……、そのほとんどが、本件仮処分手続中に既に被告２社との間の取引関係に入っていたのに、原告と被告２社の間で本件和解が成立した事実やその内容について全く知らずに、本件マンションの区分所有権を取得し、本件仮処分

において、実質的に何らの手続保障を受けることのないまま……、民訴法267条及び115条の規定により、既判力を含めた本件和解の効力を承継し、本件和解に基づく債務を負担するに至ったものである。

　以上の諸般の事情を総合すれば、被告区分所有者らに対し、不相当な労力及び費用並びに社会的・経済的不利益をもたらす結果となる本件マンションの一部の撤去請求は、権利の濫用に当たるものとして、許されないものと解するのが相当である。」

　要するに本件判決は、結論的にいえば、本件和解の効力は既判力も含めてY₃に及ぶものの（上記争点1の部分）、XのY₃に対する執行は諸般の事情から権利濫用になる（上記争点2の部分）というのである。

## 3　問題提起

　そこで本稿は、訴訟上の和解の効力が和解成立後の目的物の承継に際し承継人に及ぶか否かという点を取り上げようとするものである。

## 第2節　本件判決の問題点

　因みに本論に入るに先立って本件判決について前記問題点以外の疑問を呈しておきたい。

## 1　訴訟上の和解の既判力の問題

### (1)　既判力の問題

　訴訟上の和解の既判力については従来から既判力肯定説、制限的既判力説、既判力否定説が対立していることは周知のとおりである。

## 第2節　本件判決の問題点

　本件判決は記述のように「X、$Y_1$、$Y_2$、に意思表示の瑕疵が認められないから本件和解は既判力がある」と断定している。ここでいう意思表示の瑕疵とは、おそらく、実体的瑕疵をいうものと思われるが、本件判決の立場は制限的既判力説によるものと考えられる[3]。
　私は近時も依然として既判力否定説に立って以下のとおり主張した。この私見は今日でも変わっていない。以下、その理由を述べる[4]。ただし本件判決において既判力論が必要であったとはいえないという点については後述するとおりである（本章第4節参照）。

　訴訟上の和解の締結に当たって裁判所は取消事由・無効原因などの実体的瑕疵がないようにきわめて慎重にその成立を期するが故に、和解にこれらの瑕疵が伴うということは普通考えられない。したがって、和解に既判力を認めても差し支えないのではないか、そこで、既判力全面肯定説が正しいという主張が、研究者及び実務家から提唱される。この点では、既判力否定説のみならず、制限的既判力肯定説も批判の対象とされることになるということはいうまでもない。
　和解の成立にあたって、裁判所は当事者双方の意思を十分に確認しているという指摘は納得できないものではない。さらにまた、和解条項について通常瑕疵は考え難いという点も説得力がないとはいえない。
　しかしながら、そうであるからといって、この議論の延長線上で和解に既判力を全面的に認めるというところまでいってしまうのは、論理の飛躍とはいえないか。常に和解の実務が完璧に行われているとはいえないのではなかろうか。疑問なしとしないというのが私の率直な意見なのである。
　それでは、成立について裁判所関与による慎重性はいかなる局面で生きてくるのであろうか。裁判所が関与して慎重に成立させるか

第7章　訴訟上の和解の効力と承継人

らこそ、訴訟上の和解は執行力を付与され、債務名義になる（現行民訴法267条、民執法22条7号）。しかし、裁判所の関与による慎重性はこの限りにとどまるのであって、それ以上既判力を認めるところまでいかないのではないか。

　既判力否定説や制限的既判力肯定説では、せっかく慎重に和解を成立させた裁判所の労力は報われないと言いたい裁判官の心情は理解できないわけではない。しかし、訴訟上の和解が私法上の和解と異なり、執行力をもち債務名義になり、加えて訴訟終了効をももつという点だけでも、裁判所の労力は報われているといえよう。

　裁判所の関与による和解の成立の慎重性から導かれる既判力肯定説に対する疑問は次の通りである。すなわち、第一に、一口に訴訟上の和解といっても、その成立の過程は多様であるといえることである。例えば、裁判所が、かなり十分な審理も行い、したがって事件の背景事情まで含めての全体像を把握した上で、終始一貫和解の互譲に関与して、成立に慎重を期した場合もあるであろう。これに対して、当事者が訴訟外で互譲によって自主的に和解条項を整えて、和解期日にそれを裁判所に持ち込んで成立をはかり、裁判所としては単に結果の適法性・妥当性のみを審査するにすぎないというような場合もあるであろう。前者の場合、裁判所が和解の成立に慎重に関与したといえても、後者の場合については決してそのように言うことができないことは明らかである。既判力肯定論は、前者について妥当するにしても、後者について妥当するとは決していえない。これらの両者の間に、ケースの色々なバリエーションがあるであろう。それにも関わらす、それらのバリエーションを軽視して、すべて一括して既判力肯定論を展開しようということには問題があるのではないか。

　訴訟上の和解に訴訟物以外の権利または法律関係を訴訟物に加えて成立させる和解がある。いわゆる併合和解とか、当事者間の法律

第 2 節　本件判決の問題点

関係のみならず第三者が関与して第三者と当事者間の法律関係が併合されて成立する、第三者の関与する和解がある。訴訟物についての慎重さが訴訟物以外の併合された権利または法律関係についても期待できるかといった問題もないではない。

　第二に、和解の既判力を論じる場合、成立についての慎重性という点にのみ注目しさえすれば足りるというわけでもない。既判力否定説の立場からその根拠として挙げられている事項に既判力の主観的客観的範囲の問題があること、既判力を肯定した場合の瑕疵の主張方法として、もともと確定判決の取消しのために設けられた制度である再審を認めることの当否が問題となることも忘れてはならない。それ故、訴訟上の和解の既判力の肯否の判断の決め手になるのは成立の慎重性だけではないのであることを指摘しておかなければならないのである。

　既判力肯定説をとった場合、前記の併合和解にあって、既判力が併合和解に含まれる複数の法律関係のうち訴訟物に限定されるというわけにはいかないという点が、その難点になると思われる。当然のことながら、併合されて和解条項に含められた権利または法律関係について既判力が生じるものと考えざるを得ない。当事者としては、訴訟物たる権利または法律関係と同じ比重で併合された権利または法律関係も訴訟上の和解の対象としていると考えられるからである。言い換えれば、併合された権利または法律関係を併合して和解の対象としない限り、当該和解を成立させる意思が当事者にはない場合であって、当該権利または法律関係を併合することが条件となって訴訟物についての和解が成立していると考えられる場合があるのである。かように見てくると、訴訟物のほか、併合された権利または法律関係についても既判力を認めざるを得ないということになる。

　併合された権利または法律関係についても既判力が認められると

第7章　訴訟上の和解の効力と承継人

するならば、極端なことをいえば、併合される法律関係が無限に拡大する場合、無限に既判力も拡大していく結果になる。処分権主義が民事訴訟の原則であるといっても、そのようなことまで認めてよいといえようか。大いに疑問なしとしないのである。

　さらに、既判力というものは、判決の正しさの担保として当事者権の保障や武器対等の原則に則って、攻撃防御を尽くしあうという審理があってはじめて認められるべきものなのであろう。それなしに、裁判所は和解を成立させるについていかに慎重であっても、その一事をもって既判力を認めるということは、心情的に理解する余地はあっても、理論的には誤っているというほかはない。

　和解の効力に関する現行民訴法267条に対応する旧民訴法の203条は、大正15年の改正によって、調書に記載された和解の効力を「確定判決ト同一ノ効力」とした。このことによって、大正15年改正前の旧旧民訴法の規定を改めて、訴訟上の和解に既判力までも認めてしまおうというのが立法者の意思であったということができるかもしれない。しかし、既判力の発生根拠を考える場合、立法によって本来事柄の性質上、認むべからざる効力である既判力までも認めてしまおうとすることに無理があったというべきなのである。訴訟上の和解に既判力を認めようとすることは、一つの立法政策的配慮ということができるにしても、このあたりに、政策をもってしても変えることのできない本質があることを知らされるのである。すなわち、ここに、政策論の限界を見ることができるのである。このような視点から見て、大正15年の改正が旧民訴法203条において訴訟上の和解につき認める確定判決と同一の効力が、既判力を認めるものであるとの考え方が破綻して、制限的既判力肯定説とか既判力否定説が生まれたのも必然的な結果であったということができる。この点では、大正15年の改正前の旧旧民訴法がドイツ法にならって、訴訟上の和解に既判力を認めず、条文上は単に債務名義としての効力

のみを認めるにとどめていたことが賢明であったといえよう。

さらにまた、既判力には正しさの担保が前提になるという点から考えるならば、正しさの担保が十分でない和解に、既判力を認めることは当事者の裁判を受ける権利（憲法32条）を奪う結果になるというべきであろう。裁判所がいくら、慎重に訴訟上の和解を成立させても、右和解に既判力がないが故にその内容が易々と覆されるというのでは、裁判所は労多くして報われるところが少ないということになる、ということも一面の真実を含んでいることはすでに述べた。しかし、重要なことは、そのデメリットと国民が裁判を受ける権利を失うデメリットを比較してみることである。我々は、後者の方がはるかに大きいことを認識しなければならない。

第三に、訴訟上の和解に既判力を認めると、これを排除する方法は確定判決の取消手段である再審であるということになる。再審事由を規定する民訴法338条が、再審事由を極めて厳格に制限しているのは、本来の確定判決を想定しているのであって、それらは一般に和解の瑕疵といわれている実体的無効または取消事由と異なるとの批判が既判力肯定説に対して加えられていることは周知のとおりである。

なお、民調法16条は調停調書の「記載は裁判上の和解と同一の効力を有する」旨の規定を置いている。民調法16条が民訴法267条のように「確定判決と同一の効力」としなかったのは、いかなる理由によるのであろうか。訴訟上の和解と調停とでは、手続の主体が裁判所か調停委員会かという相違はあるが、紛争の互譲による自主的解決という点では共通している。既判力否定説または制限的既判力肯定説によると、調停について条文上は「確定判決と同一の効力」と謳うと、確定判決の最も重要な効力である既判力は含まれないという解釈が、明らかに条文の文言に反するような結果を導かざるを得ない。かような事態になり、いささか後ろめたさがあり、成文法

第7章　訴訟上の和解の効力と承継人

主義をとるわが国の立法者としてはこれを避けたいという心理が働いたということも考えられないわけではなかろう。むしろ、既判力否定説の立場からは、調停が債務名義になる旨だけを謳っておいてもよかったのであろう。そこまで踏み切れなかったのは、既判力肯定説の余地を残したこと、換言すれば、学説の対立を立法的に解決することへの躊躇があったものと推測される。

いずれにしても私は以上の理由から今日依然として既判力否定説を採用したいと考えている。

### (2) 本件撤去請求の実行は権利濫用か

次に問題になるのは本件判旨中、前掲争点2の判示事項である。Xは本件仮処分および同手続内で和解があった事実およびその内容について全く知らずに区分所有権を得て、本件仮処分において実質的に何らかの手続保障を受けることのないままに、本件和解の効力を承継しているという点から、本件XのY₃に対するマンションの一部の撤去執行は権利濫用になるとしている点である。

しかし、Y₁Y₂の和解における手続保障があって、成立した和解における義務の承継をY₃がしているのであるから、Y₃について手続保障がないが故にY₃に対する和解条項の執行は違法であるということはできない。したがって、Y₃について手続保障がないという事情をもって、和解の効力をY₃に拡張することはみとめるにしてもその執行は権利濫用になるとしていることに問題がありはしないか。本件における和解にY₃はそもそも参加できなかったのであるから、当該和解に関してY₃の手続保障を考える余地は全くないのである。換言すれば、手続保障のないままに、Y₃に執行力を拡張しようとするのが民執法21項3号の規定なのである。Y₃の手続保障以上にXの立場を保護しようとするのが同号の目的なのである。

したがって、ここで本件判旨がY₃の手続保障を持ち出すこと自体が背理なのである。Y₃の手続保障はY₁Y₂の手続保障を承継することによってなされているといってもよい。

そのように考えると、Y₃が手続保障を受けていないことが当該和解の執行の権利濫用の原因になるということは考えられない。

またY₃が和解について全く知らなかった点もXのY₃に対する執行を権利濫用たらしめる原因にならないのではないか。民訴法115条は、Y₃が和解について知っていたか否かによって判決効のY₃に対する拡張について差を設けているわけではないからである。この点については後に論じることにしたい。

Y₃について手続保障がないとか和解について知らなかったという事由が確定判決の効力の拡張の否定に繋がらないとすれば、Y₃に対する撤去請求の執行が権利濫用になると解することはできない。この点では権利濫用論を帰結する本件判決の解釈には理由がないように思われる。

## 第3節　承継人による和解に関する善意・悪意

「和解の効力は、和解の存在につき悪意の承継人に及ぶという解釈論が実体法上も可能なのではなかろうか」（高橋宏志『重点講義民事訴訟法（上）』690頁）との見解がある。この見解は、悪意のときに和解の効力がY₃に及ぶという解釈論が可能ではないかということを示している。逆にいえば、善意の承継人に和解の効力が及ばないというように思われる（この点は既判力の承継人への拡張をめぐるいわゆる形式説と実質説の対立が参考になる）。

畑・前掲論文（特に169頁以下）によると、Y₃がX対Y₁Y₂の間の訴訟上の和解の存在を知っていたか否かにより、Y₃が承継人になるか否かの決め手となるとされている（判決の効力の承継人への拡張

第7章　訴訟上の和解の効力と承継人

に関する、いわゆる実質説をとるのか形式説をとるのかという点については必ずしも明らかではないように読める)。すなわち、$Y_3$が和解の存在を知っている場合には$Y_3$は承継人であるので、当該和解は$Y_3$に対し執行力を及ぼし、$Y_3$がそれを知らなかった場合は$Y_3$は承継人にならず、したがってXは$Y_3$に対し当該和解調書は債務名義として執行力を及ぼすというのである。この理論によると、Xが$Y_3$に対し執行文の付与を求めた場合、執行文付与に関する手続のなかで、$Y_3$における当該和解の善意ないし悪意が争われることになる。ここで問題となるのは以下の諸点である。因みに、畑論文では前記善意・悪意の証明責任の分配については言及されていない。

　第一に、かような実質的な問題が執行文付与に関する手続のなかで主張され、判断されることが、よく指摘されるように形式的な事由を審査すべき執行文付与手続、換言すれば実体的問題の審査を可能な限り排除しようとする執行文付与に関する手続のあり方として妥当性をもつかという疑問である。

　例えば、和解成立後に、当該物件の占有ないし所有が$Y_3$に移転しているというような形式的事由（これらは占有の移転という事実、所有権移転登記の有無という形式的な事由による）によってXは$Y_3$を承継人として承継執行文を受けるために単に占有（占有移転の外観や）移転の有無にとどまらず、加えて$Y_3$が和解の成立を知らなかったという実質的な事実を審理判断の対象とするという点に問題があるのではないかと私は考える。$Y_3$側からの執行文付与に対する異議の訴えに発展してしまうであろうことは容易に想像できる。$Y_3$が和解の存在を知っていれば、承継人になるのに対し、知らないと承継人にならない（あるいは不知をもって固有の抗弁事由とする）とすると、$Y_3$は不知を執行文付与の訴えにおいて主張するであろう。但し、請求異議事由が執行文付与をめぐる訴訟において主張できるか否かという問題は残る。

## 第3節　承継人による和解に関する善意・悪意

　本来、不動産業者は不動産の取引にあたり、購入者に対して宅建業法35条をもって物件の説明をなすべき旨義務付けられているのであるから、本件における和解が存在する場合にはこの点についても買主に説明をすべきである。その記載が説明文書にない場合は買主はその説明が欠けていた旨を立証しやすい。したがって。$Y_3$は説明文書における$Y_1Y_2$のその記載が欠けていたことから$Y_3$の善意の立証が容易ではあるが、その説明を$Y_1Y_2$が口頭で説明したか否か不明である場合もありうるのであって、かような場合（例えば、$Y_1Y_2$が口頭で和解の事実の告知のあったことが立証しにくいような場合）には、$Y_3$が和解の存在の悪意に関する立証は困難になってくる等、$Y_3$が承継人か否か、承継執行文を付与すべきか否か、相当慎重な判断が必要とされてくることになるが、これでよいのであろうか。

　第二に、$Y_3$における和解の存在に関する善意・悪意という主観的事情により執行力の承継の有無を分けようとする実体法上の根拠は何かという点も問題になるのではないかと思われる。たしかに執行力の主観的範囲の拡張の面で被拡張人に固有の実体法上の利益（例えば、民法94条2項にいう「善意の第三者性」など）がある場合は、被拡張人はこれを主張して執行文付与に対する異議の主張をすることができるが、それは民法94条2項という実定法上の根拠が認められていることによる。主観的事情の重視の根拠は信義則に求められるのであろうか。異議の実体法上の根拠が必ずしも明らかではない。そうすると、$Y_3$における当該和解に関する悪意は$Y_3$の固有の利益として法律上認められたものではない。かような事由を執行文付与に対する異議事由とすると、結果的には法律上認められていない利益を被拡張人固有の利益とする結果になるが、それは妥当なものといえるかという疑問は残る。そうすると$Y_3$の法的救済は$Y_1Y_2$に対する目的物の瑕疵による契約解除および損害賠償によることにな

第7章　訴訟上の和解の効力と承継人

ると考えられる。

　第三に、$Y_3$において和解の存在が認識されていない場合、執行力の拡張はなく、Xは$Y_3$を相手に、別訴を提起しなければならないということになると、Xに別訴提起に伴う負担をかけることになるし、加えて裁判所に対しても同様の結果になるものと考えられる。Xとしては$Y_1Y_2$に対する和解の執行力が$Y_3$に拡張されれば和解調書をもって$Y_3$に対する執行が可能になり、そのことはXにとって有利である。Xとしては、自らの関知しない$Y_3$側の事情によって、当該和解を債務名義としうるか否かが変わってくるということはXにとって予想もしていない異常な不利益となるのではないかと考えられる。

　第四に、115条3項が口頭弁論終結後の承継人に判決の効力が及ぶとするのは、被承継人に手続保障が与えられ、その結果としての判決の効力が承継人に及ぶとされているからである。承継人の手続保障は被承継人に手続保障が与えられたことによってすでにカバーされているのであり、承継人の手続保障を改めて問題とする必要性はないと思われる。換言すれば被承継人に与えられた手続保障によって、当該判決の効力の前提である手続の正当性は阻害されないのであって、それ以上に手続保障を必要と考えること自体に問題があるものと思われるのである。本件判決は、既述のように、$Y_3$が「実質的に何らの手続保障を受けることのないまま……、本件和解の効力を承継し、本件和解に基づく債務を負担するに至った」ことも一因として「本件マンションの一部の撤去請求は、権利濫用に当たる」としているところには問題があるのではないかと思われる。そして畑論文（159頁）も「承継人の実質的な手続保障という観点からは、このような形式的且つ機械的な判断で果たして妥当な結論を導きうるのか（とりわけ本件のような事案に対して）、大いに疑問の残るところである」とされている点にも、同様の問題点が無きに

## 第3節 承継人による和解に関する善意・悪意

しも非ずといえるのではないかと考える。

 $Y_3$の手続保障が必要であるという点は、誠に重要な議論であると思われる。しかしながら、問題は和解で終了した手続において$Y_3$の被承継人である$Y_1Y_2$に手続保障が与えられていれば、$Y_3$の手続保障を改めて問題とする必要はそもそもないようにも思われるのである。

 第五に、いわゆる Meistbeguenstingsprinzip（Kreifelds, Rechtswörterbuch 17 Aufl., S. 906-最恵原則）という原則がある。この原則は国際法にも民事手続法の領域にも適用されるものである。民事手続法の領域でいえば、たとえば判決で裁判すべき事項について、裁判所が誤って決定をもって裁判した場合、右決定に対しては判決に対する不服申立方法である控訴を提起することができるものということになる。

 Xが$Y_3$に対して、和解によって執行しうるべきところであるにもかかわらず、改めて$Y_3$に対し、収去の訴えを提起しなければならないとすることは、Xの$Y_3$に対する関係での救済を改めてする訴提起よりもより簡便な承継人に対する執行という方法を否定する結果になることが考えられる。このことは必ずしも前記原則の適用と直接に関係するものではない。しかし、このような取扱いは、前記原則となにがしかの発想の共通性をもつものと考えられるのではないであろうか。

 第六に、$Y_3$の手続保障を議論すると、承継人に既判力を拡張する意味が失われてしまう。115条1項3号は、実体法上の権利関係の承継そのものに着目して、それが口頭弁論終結後に行われていることから、立法者が法的安定の要請や当事者や第三者（承継人）の公平を考えて、既判力の拡張を認めたものと考えられるからである（中野・松浦・鈴木編『新民事訴訟法講義（第2版補訂版）』476頁〔高橋宏志〕）。

第7章　訴訟上の和解の効力と承継人

## 第4節　既判力の拡張か執行力の拡張か

　ところで、本件判決もこれを批判した畑論文も、ともに訴訟上の和解の既判力論を取り上げ、既判力の肯否を論じた上にそれぞれの論旨を構成している。すなわち、本稿のテーマをめぐる理論構成にあたって、民訴法267条にいう「確定判決と同一の効力」中に既判力を含むか否かを本件解決の前提の議論として論じているのである。しかし本問の解決にあたり、そもそもその必要性があるのであろうか。仮りに民訴法267条が既判力を含まないとしても、すくなくとも執行力は含み、115条1項3号および民執法23条（1項2号）は和解の執行力の承継人に対する拡張を認めているのである。それだけからみても、この問題の解決にあたり民訴法267条にいう「確定判決と同一の効力」なる文字を用い執行力のほか既判力まで含むのか否かを論じる必要性に欠けるということができるのではないか。換言すれば、その執行力が既判力を前提としているとする以上は、既判力の存否を論じなければならないところであるが、和解の執行力は論理必然的に既判力の存在を前提とするものとはいえない。例えば、ドイツ民訴法によれば、訴訟上の和解は債務名義になるものの（ZPO794条1項1号）、これが確定判決と同一の効力を有するとの規定を欠いており、その執行力は既判力を前提としない。このことはドイツでも勿論のこと、わが国でも執行証書の債務名義性は認めるものの、これに既判力は認められていない。要するに執行力（債務名義性）は必ずしも既判力を前提としないのである。このように見てくると、本稿の問題は既判力の問題というよりは、267条に含まれる執行力と民執法23条1項3号の問題であるといわなければならない。したがって、本問解釈の前提として、こと執行に関する限り和解の既判力を論じる必要性については疑問を感じる。民訴法

115条1項3号が問題になるのは本問の場合確定判決の執行力に関してであり、既判力の拡張として問題とされているのではないと思われる。本章第2節(1)で和解の既判力を論じたのは、本件判決および畑前掲論文が既判力の存否を論じていることによるに過ぎない。

但し、民執法23条1項3号の執行力の拡張が既判力の拡張を前提としているというのであれば話は別である。更に、既判力否定説の立場にたって、既判力のない訴訟上の和解では執行力を認めるのに不十分であると考えれば、XからY$_3$に対し、別に建物一部収去の訴えを提起し、その旨の確定判決をもらっておくことが必要であるから、この種の訴えを考える余地はある。そしてその前提として既判力論を展開しておく必要性は認められる。

なお、執行力の拡張の問題を既判力の拡張の問題と絡めている判例は、畑前掲論文156頁以下に紹介されているので参照されたい。

## 第5節 結　語

Y$_3$が和解の存在を知っていたか否かによって、承継人になるか否かを分けるのも一つのアイディアであることに間違いはない。しかしY$_3$がその存在を知らなかったときにY$_3$は承継人にならないということになると、XはY$_1$Y$_2$を被告とする訴えについて和解において請求を認められながらY$_3$を相手にまた撤去の訴えを提起しなければならないことになる。Xにとってそれは大きな負担である。Y$_3$がXとY$_1$Y$_2$との間に和解があったことを知っているか否かは、Y$_1$Y$_2$およびY$_3$側の事情であるに過ぎない。その事情がXの地位に影響してくるとすれば、それはXにとって負担を重くすることになる。そのことは承継人に既判力や執行力を拡張する制度趣旨には反するものと思われる。Y$_3$が和解の存在を知っていれば、知らなかった場合と比較して、Y$_3$に対する非難の可能性が高く、しかる

がゆえに不利に扱われても止むを得ないという考え方は理解できないわけではないが、$Y_1Y_2$および$Y_3$側の事情よりそれと関係のないXの立場は尊重されなければならないのではないか。

このように考えると、$Y_3$が和解の存在に関する善意・悪意を、$Y_3$が承継人になるか否かの問題に影響させるという考え方には俄に賛成しがたい面があるように思われる。

このような観点からみると、最判昭和26年4月13日民集5巻5号242頁は私見と結論的に同じ見解を展開するものであって、賛成することができる。以下、事実関係および判旨を挙げておく。

1．事実関係

訴訟上の和解により建物収去土地明渡義務を負うこととなったAから、和解成立後、当該建物を借り受け土地を占有するに至ったX（なお、このXは上記和解の存在については知らなかった）に対して前訴における原告Yが、訴訟上の和解調書に承継執行文を得て強制執行を開始したのに対し、Xが執行文付与に対する異議の訴えを提起した、という事件である。

2．判旨

「裁判上の和解により建物を収去しその敷地たる土地を明渡すべき義務のある者から建物を借り受け建物の敷地たる土地を占有する者は民訴201条1項（現行民訴115条1項3号）にいわゆる承継人と解するを相当とする、論旨は建物賃借人の敷地に対する占有は建物占有の効果であって賃借人からその敷地の占有の引渡を受けこれを承継したがためではない、このことは賃貸人が賃借人に建物を引渡した後も依然建物所有者としてその敷地に対する占有を失わないのをみても極めて明瞭であると主張する。なるほど建物賃借人の敷地に対する占有が建物占有の結果であること及び賃貸人が建物所有者としてその敷地に対する占有を失わないこと

## 第5節 結　語

は所論のとおりであるが建物賃借人の敷地に対する占有は賃借人の敷地に対する占有と無関係に原始的に取得せられるものでなく、賃借人の敷地に対する占有に基づき取得せられるものであるから占有の関係からみると一種の承継があると見ることができるのであり賃借人が建物所有者としてその敷地に対する占有を失わない場合でもこの種の占有の承継を認めることを妨げるものではないのである。然らば原判決が上告人等（X＝筆者注）は山崎弥太郎（A＝筆者注）から本件建物を賃借居住することによってその敷地を占有するものであるから上告人等が各空家であった本件建物を賃借占有したとはいえその敷地に対する右山崎の占有を承継したものというべく従って民訴203条、201条（現行民訴267条、115条1項3号）の規定により本件和解調書の効力は上告人両名が右調書の存在を知っていたか否かに係りなく承継人としての上告人等に及ぶものと解したことは正当であって論旨はその理由がない。」
（下線筆者）

上記判旨中下線部分に注目したい。本判決の評釈としては、木川統一郎「裁判上の和解による建物収去、土地明渡義務者から建物を借受け占有する者の地位」法学新報66巻12号50頁以下（1959年）、田中ひとみ「最高裁民訴事例研究二三三」法学研究（慶應義塾大学）58巻7号91頁以下などがあることを指摘しておく。

**注**
1) 本件の評釈として、齋藤哲「裁判上の和解の既判力と和解成立後の係争物の承継人に対する効力」法学セミナー589号126頁（2004年）、越山和広「裁判上の和解の既判力及び和解成立後に係争目的物を取得した第三者に対する既判力の承継の有無（積極）」私法判例リマークス29

号120頁（2004年）が、また本件を素材とした事例演習として、松村和徳・受験新報658号114頁（2005年）がある。さらに論文として評価されるべきものとして畑宏樹「訴訟上の和解の効力と係争物の承継人への拡張について」法学研究（明治学院）74号147頁以下（以下、畑論文という）がある。本章も畑論文に啓発されるところが多く、ここに感謝の意を表したい旨は本論文の冒頭に述べたところである。
2) 事実関係および判旨の分類は畑論文によった。
3) 体系書・教科書等は例外なく訴訟上の和解の既判力論に言及している。訴訟上の和解の既判力論を的確に整理したものとして、高橋宏志『重点講義民事訴訟法（上）』第17講675頁以下がある。なお、畑前掲論文163頁注15は、制限的既判力説が近時有力になりつつある旨を指摘している。
4) 石川明『訴訟上の和解の研究』（1966年）109頁以下および同「訴訟上の和解の既判力」判タ1001号75頁（1995年7月）以下。後者の小論は、石川明『民事手続法の諸問題』朝日大学法制研究所叢書第5号（2001年）95頁以下に収録されている。

# 第8章　第三者の為にする訴訟上の和解論

　第1節　序　　説
　第2節　新 提 案
　第3節　検　　討
　第4節　結　　語


## 第1節　序　　説

　私はかつて、「第三者のためにする訴訟上の和解に基づく強制執行」と題する論文を書いたことがある。同稿は拙著『訴訟行為の研究』（酒井書店、1971年）41頁以下に収録されている。私は同書のなかで、第三者が当該和解に参加していなくても第三者に対する給付を命じた訴訟上の和解は当該第三者についても債務名義になりうるか否かという問題についてはドイツで肯定説と否定説とが対立しており、両説を検討した結果、私は肯定する旨を説いたのである（同書57頁）。

　以下、この問題に関する部分を引用しておこう。結論を引用すると以下の通りであるが、その詳細については同書を参照されたい。

　「訴訟上の和解について通説は肯定説をとる。両者につきその債務名義性に関し異別に考えることは、一見奇異な現象であるかのごとき観をあたえるかもしれない。しかし、ここで判決と和解の両者の差異を検討することにより、それがむしろ当然の帰結であると考えられよう。すなわち、両者の差異は次の点に存する。判決にあっては、第三者の諾約者に対する請求権ではなく、要約者の諾約者に対する第三者への給付請求権の存在のみが判断され

るのに反し、第三者のための訴訟上の和解にあっては、その内容が客観的には訴訟物に限定されるわけではないし、主観的にも訴訟当事者に限定されるわけでもないという点に存するのである。かくして、私は、真正な第三者のための訴訟上の和解は当該第三者のために債務名義たりうると解する」

としているのである。

## 第2節　新　提　案

　私の前掲論文は、第三者に対し諾約者に給付を命じる和解調書が当該第三者にとり諾約者に対する債務名義になりうることを一般論として論じたものである。しかしながら、近時より具体的な事例である公害訴訟における要約者と諾約者との間に締結され、諾約者が第三者である公害被害者に対する損害賠償基金を設けてその救済を図ろうとする和解について、当該和解が第三者である被害者のこの救済基金に対する執行の債務名義になるという見解が提唱された。
　これを提唱したのは、勅使河原和彦著「第三者のためにする契約と訴訟上の和解の効力の主体的範囲」中村英郎教授古稀祝賀『民事訴訟法学の新たな展開』（平成8年3月2日、成文堂）391頁以下である。長くなるが、正確を期する意味で以下にその「五．結びに代えて」の部分を引用しよう。

　「第三者のためにする訴訟上の和解において、受益第三者が特定していれば利害関係人として関与させるのが通常である実務の現状からすれば、第三者のためにする契約の本来的性質どおり、第三者が不関与となり、訴訟上の和解として実際的意義を有しうるのは、受益第三者が和解合意時点では、必ずしも特定しきれて

## 第2節　新提案

　いない場合である。そこで最後に、許された紙幅の関係で詳論はできないが、現代型訴訟における紛争処理の可能性の一つとして、第三者のためにする訴訟上の和解の可能性を探ってみたい。これまで、クラスアクション等の議論では、一定の者に全体の利益のための訴訟追行権限を認め、その者の訴訟の効果を、それ以外の者全体に勝敗にかかわらず波及させることが考えられている。そこでは、そうした理論の必要性・有益性の反面で、困難な授権の問題や訴訟不関与者の手続保障の問題にも直面する。それに対し、例えば公害訴訟において、ある被害者原告が加害企業と、原告以外の被害者のために『加害企業の出捐で、公正な第三者によって構成される救済センターおよび基金を設立し、同センターにおいて、検査の結果一定の条件を満たすと認定された被害者で、別に賠償を受けていない者には、右基金から所定の額の賠償金を支払う』といったような趣旨の和解条項を合意した場合を考えてみたい。こうした約旨をもって第三者のためにする訴訟上の和解の性質を有するものと解し、また、場合によっては、本稿で述べたような不関与第三者の執行権能を肯定することができれば、受益の意思表示をする被害者だけに、当該和解条項所定の賠償請求権を享受・貫徹できる可能性が生まれる。訴訟を提起している者について、訴訟の入り口で『全体の利益のために訴訟追行権限』や不特定多数からの選定行為による授権を措定する必要はないし、また、当該和解条項を不服とする者には、別に訴えを提起する余地が理論的には残される。

　このような処理は、和解という紛争処理形式をとった場面に限られ、その合意条項の整除（例えば、二重取りを防ぐために、受益の付随的負担として『その余の請求放棄条項』を添える等）や不関与第三者への周知方法の工夫が必要なうえ、こうした合意の実際的な可能性を高めるための検討の余地は残る。こうした不特定の第

第8章 第三者の為にする訴訟上の和解論

三者のためにする訴訟上の和解に基づく、不関与第三者への執行文付与が認められれば、実務上の意義も少なくないと思われるが、しかし、不特定であるが故に、実体的判断の入り込む余地も大きい。ただ、右に掲げたような場面で、救済センターや和解の合意で指定された医療機関での「診断書」等の認定文書をもって、民執法27条2項所定の『証する文書』と解することはできないであろうか。もともと同条項のいう『証する文書』については、債権者が『証する文書』だと主張すればどんな文書でもいいという意味ではなく、この文書により同条に定める要件に該当する具体的事実の存在を認定できるか否か、書記官が判断せざるをえず、法はその限度で書記官に権利関係の実体的判断権限を認めたものというべきであろう。これによって執行文付与を認め、債務者（諾約者）がこれを争うなら、執行文付与に関する異議または執行文付与に対する異議の訴えを提起すればよいと解しても、債務者に不当な結果とはいえないのではないか。行政による充分な救済の期待できない現状では、現代型紛争の処理の方式の可能性の一つとして、このような解釈上の努力を試みることも、必ずしも無意味ではないのではなかろうか。」

というのである。

## 第3節　検　　討

1）この新提案は、それが可能であるならば、和解に関与していない公害被害者である第三者の救済手段としては極めて有効な手段である。被害者の簡易な救済という観点からのみからみれば有益に働くことは間違いない。

2）しかしながら、逆にこの見解にデメリットがないわけではない。以下それらの点に言及しよう。

a　第一に、この和解を第三者の為の和解といえるか否かという疑問がある。諾約者は要約者に対して基金を設ける義務を負担する。要約者は諾約者が基金を設けない場合には、その義務の執行ができる。しかしながら個々の被害者はこの基金に対する請求権をもつに止まる。基金が支払を拒否すれば、請求者と基金との間で交渉又は訴訟等により債権の有無を確定することになる。誰が請求権者であるかについての具体的条項はこの和解に含まれていない。一見被害者という第三者のための和解のように見えるが、和解はあくまでも訴訟の当事者間の和解であって、第三者は基金を設けることにより直接に和解それ自体のなかで救済されるわけではない。

この和解によって債務名義上第三者は執行債権者（執行当事者）が確定できていない。基金に請求を求める第三者は債務名義上具体的に特定されていない。

b　第二に、執行債権が特定されていない。第三者の基金に対する請求に係る当該債権が公害による損害賠償債権であるか否かが具体的に特定されていないし、額が特定されているか、あるいは特定のための要件が明示されている債務名義上執行債権について債権額を特定できるということが債務名義の要件であるはずであるが、これらの表示が当該和解に存在しない。それにもかかわらず、この和解を以って基金に対する債務名義といえるであろうかという疑問は残る。

執行文付与の申立てをした者が債権者であるか否か、執行債権の額如何について基金との間に争いが生じた場合は執行文付与を求める訴えにより決着をつけるべきであるとする見解は是認し難い。それは実質的には債権者と称する者が提起する基金との間の

第 8 章　第三者の為にする訴訟上の和解論

給付の訴えである。本来執行文の付与を求める訴えはそのような機能、換言すれば給付の訴えの機能を果たさせるために設けられたものではない。

## 第 4 節　結　　語

　公害訴訟、薬害訴訟等の現代型訴訟における被害者の的確且つ迅速な救済は極めて重要な事項である。しかしながらそれらの理念を貫くために現行法の体系を立法措置なしに変えることはできない。勅使河原教授の提案のもつ考え方である被害者の簡易迅速な救済という理念は十分理解することができ、且つ評価すべきではあると思うが、そのような取扱いが現行法の枠組みを超える結果になっては解釈論の限界を超えているという点で問題を残すのではないかというのが私の率直な評価である。

# 第9章　訴訟上の和解における実体法との乖離

第1節　序　　説
第2節　乖離可能性の範囲
　1　ある離婚調停事件における手続法上の乖離——離婚調停事件で相手方に離婚の意思のない場合、婚姻関係の調整は必要か——
　2　法の形式的適用が著しく法的正義に反する場合
　　　——乖離を認めるべき場合——
　(1)　中国人強制連行国家賠償請求訴訟
　　　——除斥期間の形式的適用が著しく法的正義に反する場合——
　(2)　懲罰的損害賠償を命ずる外国判決の承認について
　3　法自身が乖離を認めている場合
　(1)　民訴法275条の2
　(2)　民訴法265条
　(3)　民訴法248条
　4　その他の場合
　(1)　部分社会の規範
　(2)　裁判規範である実体法と行為規範との乖離
第3節　附論
　1　和解における当事者の満足度——和解はWin-Winの解決法か——
　2　和解の型——対席型か交互型か、裁判官の中立性と関連して——
　3　司法権の及ばない事項についての和解


## 第1節　序　　説

　昔からわが国において村落の重要事項は村落共同体の内部で決定されていたようである（宮本常一「忘れられた日本人」岩波文庫・青164-1、特に36頁以下）。そこには自然と各共同体の固有の生活ルールが蓄積されたのであろう。さらにはわが国の中で異民族居住地域が多様化しても同じ現象が起こりうる。現在でも各共同体に固有のルールは薄くなったとはいえ残っている社会が存在することは推測

## 第9章　訴訟上の和解における実体法との乖離

できる。しかしコミュニケーションの多様化の時代に入って、それらは徐々に薄くなってくるものと思われる。若者が都会に出て生活するようになると村落共同体の構成員の高齢化に伴なって、さようなルールが徐々に希薄化してくることも事実なのであろう。そのように見てくると基本的にはADRにあって特に裁判所において行われる訴訟上の和解や調停のようなADRにおいて則法性を要求することは不自然なことではないし、むしろ法の下の平等の理念に適うことになるのではないかと思われるのである。ドイツのような連邦国家において連邦全体に等しく適用さるべき民事訴訟法をもちながら細部では各裁判所ごとにそれぞれの訴訟法があるといわれているのは、運用上の問題にとどまる。丁度それはわが国のような単一国家でありながら、同じ民事訴訟法の下でその運用について東京方式とか大阪方式とかいって、異なった運用方式があるのに似ているといってよかろう。これを実体法の適用についてみれば民事調停法第1条にみられる「実情に即した」という部分に当たるのであろう。事件の内容ごとの、また各地方の実情に即した内容の調停を行うという点で実体法を前提としながら、そこから実情に即した解決という限りで一定範囲で地方毎に規範内容上の乖離が認められるのである。

　それではいかなる範囲や規律でその乖離が認められるのか。この点が明確にされることによってADRの紛争解決基準が明確になって始めてADRを国民は安心して利用できることになる。私の持論は基本的にADRは則法性を基準としつつそこから地域及び事件の特性にそくしたなんらかの乖離、しかも一般社会、部分社会の常識からみて合理的と思われる範囲での乖離を認めるところにADRの訴訟と対比した場合の意味があると考える。そこでいかなる場合、いかなる範囲において則法性からの乖離を認めるべきか、その乖離の基準について若干の問題点を示しておきたい。

## 第2節　乖離可能性の範囲

　この問題を具体的に論じ乖離の限界を体系化することは極めて困難な作業である。以下に述べるところは参考事例を羅列するにとどまる。

### 1　ある離婚調停事件における手続法上の乖離──離婚調停事件で相手方に離婚の意思のない場合、婚姻関係の調整は必要か──

　はじめに、拙稿「ある離婚調停」判タ1149号（2004・7・15）93-94頁、および「ある離婚調停の事例」仲裁とADR・Vol. 1、38-40頁のケースに言及する。事件の詳細については上記の二つの論考のいずれかを読んでいただきたい。事実関係の概略は以下のとおりである。

　家庭内別居状態にある夫が妻を相手に家庭裁判所に離婚調停の申立てをした。第1回調停期日は最初に夫が調停室に呼ばれ、調停委員会は夫の離婚意思が固く動かし難いことを確認し、加えて財産分与として、夫名義の居住家屋の名義を妻に変更し、さらに3,000万円を支払う旨述べた。次に交代して妻が呼ばれ、夫の陳述が伝えられ、調停委員が妻に対しいきなり、夫の離婚意思が固いこと、財産分与額が相場とくらべて比較的妻に有利であることを理由に離婚を極めて強く奨めたのである。妻には離婚の意思はなかった。本来であれば家審法9条乙類1号の趣旨から考えると妻は調停委員会に夫婦関係の調整を望んだのであるから、婚姻関係の調整を奨めるべきところ、それをしなかったのである。この点からみると、すなわち夫婦関係の調整を試みることなく離婚を奨めたこの調停の遣り方には問題があったのではないかと思われる。結局本件では夫婦関係調整の仲介は行われることなく調停委員会の強力な奨めによって妻は

第9章　訴訟上の和解における実体法との乖離

離婚に同意せざるを得なかったのである。調停のこのような進め方は違法であって許されるべきものではない。進め方について手続法からの乖離の限界を超えている。

## 2　法の形式的適用が著しく法的正義に反する場合
　　——乖離を認めるべき場合——

実体法規定を形式的に適用すればできないことはないが、その形式的適用が著しく法的正義に反し、条理上その適用ができない場合がある。かかるケースでは実体面で則法性を要求できない場合である。

以下参考までにその具体例をみておこう。

### (1)　中国人強制連行国家賠償請求訴訟
　　——除斥期間の形式的適用が著しく法的正義に反する場合——

本件第一審判決をここで取り上げてみたい。この事件の第一審東京地裁平成13年7月12日民事第14部判決（判タ1067号115頁）には他の判示部分も含まれているが、私がここで特に問題として取り上げたいのは、その第5項目で「除斥期間制度の運用の結果が、著しく正義、公平の理念に反し、その適用を制限することが条理に適うと認められる場合には、除斥期間の適用を制限することができる」旨判示した点である。本件判決は最二小判平成10年6月12日（民集52巻4号1087頁）が最一小判平成元年12月21日民集43巻12号2209頁に例外を認める判断をしたことを根拠としているものと思われる。民法724条後段が除斥期間か時効期間かをめぐり争いがある点について注意しておく必要があろう。最近の判例であるが、最三小判平成21年4月28日（民集63巻4号853頁）のケースも同様の問題点を抱えるものと思われる。この事件は以下のごときものである。すなわち、被害者を殺害した加害者の相続人において被害者の死亡を知り得な

い状況を殊更に作出したため相続人がその事実を知ることができなかった場合における上記殺害に係る不法行為に基づく損害賠償請求権を民法724条後段の除斥期間との関係に関するものである。最高裁は、相続人が確定しないことの原因を作った加害者が損害賠償義務を免れるということは、著しく正義・公平の理念に反するとしたのである。ここでも民法724条後段の法的性質については除斥期間説（通説）と時効説との対立が判例批評のなかで激しく対立している。上記最高裁判決は除斥期間説を採用し民法724条後段の例外を認めている。上記のように学説・判例が分かれる法律問題について、学説・判例上の少数説にしたがうことが則法性からの乖離が範囲内として認められてよい場合がありえよう。

## (2) 懲罰的損害賠償を命ずる外国判決の承認について

懲罰的損害賠償を命ずる米国カリフォルニア州民法典による判決がわが国において承認要件を具備するか否か問題となった、最二判平成9年7月11日民集51巻6号2573頁がある。その当否についてはわが国や諸外国で問題になったことは周知のとおりである。この判決に対する解説、判批・論文は多数にのぼる。拙稿「懲罰的損害賠償と外国判決の承認」ボーダレス社会と法、オスカー・ハルトヴィーク先生追悼（信山社、2009年7月刊）113頁以下は、芳賀雅顕「懲罰的損害賠償を命ずる外国判決の承認」法学論叢80巻2・3合併号（2008年2月刊）313頁以下の論述に準拠して私見を展開したものである。拙稿が展開した理論は以下のごときものである。

すなわち、最高裁は上記判決においてわが国の民法709条の不法行為の損害賠償はドイツ民法と同様にいわゆる填補賠償であって、懲罰的要素を含まない。したがって填補的部分を超える懲罰的部分はわが国の公序に反することになり、これを承認することはできないとした。これに対し民法709条の賠償はたしかにもともとはこれ

を填補賠償とするドイツ法の規定に由来するが、現在では大規模公害事件におけるような多額且つ広範囲にわたる不法行為についていうとその予防的抑止は刑罰法規や行政法規に限定したのでは不十分であり、例外的に条理上解釈を変更して填補の賠償に止めるのではなく、賠償額を拡大して懲罰的要素（その額に問題がないわけではないが）を算定に加えるべきであるというのが私見の主張である。要するに条理により実定法に異なる意味を与えるべきであるというのが私見である。このような見解は、実定法の解釈による法の実質的改正とみるべきであるかもしれない。しかし実定法は填補賠償を規定するものとみる立場からすれば、例えば和解その他のADR上懲罰的要素を加味した承認とする和解内容とすることは実定実体法からの乖離の範囲内で認められる余地はあるといってよかろう。通常の場合加害者側は訴訟におけるような譲歩はしないであろうが、裁定和解ではかような和解もありうるかもしれない。外国判決の承認についても同じことが考えられないわけではない。

## 3　法自身が乖離を認めている場合

### (1)　民訴法275条の2

　簡裁事件についてではあるが、一定の要件の下に和解に代わる決定として分割払の定めをする旨を規定している。簡裁事件に限らず和解一般について同条に認められるがごとき譲歩を内容とする和解は則法性に違反しないものと考えられる。

### (2)　民訴法265条

　民訴法265条は裁判所が定める和解条項について規定している。今後この仲裁的和解がどの程度利用されるか不明ではあるが、その裁定和解条項の積み重ねにより形成が予期される内容は、それが裁判所が定める和解条項であるがゆえに譲歩の一つの指針になるもの

と思われる。このような説明に対しては、それが問いに対して問いを以って答えることであるとの批判がなされるかもしれない。265条の場合においても現実にいかなる内容の和解条項を定めることができるのかという問題に対しては、学説こそがその基準を提供すべきであり、学説が和解条項の内容に枠をはめる責任をもつべきであることは認める。唯、私見がここで述べたいことは、学説がその基準を提供しないうちにも実務上一定の基準が形成される。その当否は少なくとも研究者が批判することにより、更に確たる規範が形成されることになるということができるであろう。

### (3) 民訴法248条

民訴法248条は損害の性質上その額を立証することが極めて困難であるときは、裁判所は、口頭弁論の全趣旨及び証拠調べの結果に基づき相当な損害額を認定することができる旨規定している。一般には証明度軽減として説明されている。その法的性質は別にしても和解の場合にもこの規定の適用を前提にして和解内容とすることができるものと解すべきであろう。もっとも、この規定は証明度の軽減を実定法上の規定とするものといわれているのであるから、この限りで法からの乖離の事例としてあげることは適切ではないともいえるかもしれない。少なくとも損害額については必ずしも本来の証明を必要としないという点で、損害額について証明を必要とする訴訟法法の原則からは乖離している。

少なくとも和解にあたり損害額のみならず、他の要件事実についても証明が困難である場合、同条の趣旨から法律要件の証明努力が疎明程度にとどまり、証明にまでいかなくてもそれらの証明度の軽減をはかることは法から乖離しているとしてこれを否定する理由にはならないのではないかと思われる。

第9章　訴訟上の和解における実体法との乖離

## 4　その他の場合

### (1)　部分社会の規範

　冒頭に述べたように宮本常一著「忘れられた日本人」は、民俗学的側面から書かれた労作であるが、その中で各地域毎に異なる方言があり事実たる慣習がある旨の指摘がなされている。同じ地域居住者間で和解をする場合、当該地域の事実たる慣習を勘案して実体法からの然るべき合理的な範囲の乖離を認めざるを得ないであろう。

　同じことは地域社会以外の部分社会についてもいえる。

### (2)　裁判規範である実体法と行為規範との乖離

　凡そ法規範は原則的には行為規範の集積として形成されている。わが国が基本的には欧米の法律を母法としてこれを継受して現行法体系を構成している以上、長い年月の間にそれらがわが国の国民生活に馴染んだとしても両者の間になにほどかの乖離が残っていることは止むを得ない。欧米法にはそれぞれの文化的背景があるからである。両者の乖離は法律家と非法律家の規範意識の差となって顕れてくることもある。

　和解においてはこの穴を埋めるため法規範をベースにしながらも違法・不当でない限り相互の譲歩によって何がしかの解決案作成の努力をすべきなのであろう。その場合に大切なことは基本的には法を前提とすること、双方の譲歩が譲歩者にとり過酷にならないことが必要である。これらの諸点の判断形成のためにも法的安定性をもたらすための基準づくりが必要であり、その基準づくりのためには更に事例集の慣行が必要である。

　更には、学校教育における法学教育、社会人教育等、法の一般原理の教育を行うことにより社会人としての法の最低限の常識の普及に努めることが重要であり、そのことにより法と日常の生活規範を

より近づけることが可能になる。各地域にそれぞれに個性のある行為規範が存在してもよいし、またあるべきであることを否定するものではないことは当然のことである。しかし、法学教育のより一層の拡大により原則的には法に則した和解規範が形成されることになるのであろう。

## 第3節　附　　論

　以上に論じた点とは視点を異にするが、ここで和解について書き留めておきたい事項がある。それは和解や調停を始めとするADRによる紛争解決の満足度及び型の問題である。

### 1　和解における当事者の満足度──和解はWin-Winの解決法か──

　訴訟上の和解は当事者によりWin-Winの紛争解決方法といわれている。果たしてそうなのであろうか。訴訟上の和解の利用者が必ずしもその結果を評価せず満足していない理由は奈辺にあるのであろうか。当事者は多くの場合訴訟において勝訴するという希望ないし確信を以って訴え提起してくる。和解をよくWin-Winの結果として満足的に評価することがあるが、勝訴の確信を以って訴えに臨んだ当事者は和解の成立を当然のことながら、Winと考えない（この点について本書第3章第2節Ⅱ、1(1)）参照）。和解のメリットは上訴を避けることができるとか、履行が確保されるとか、人間関係が保持されるとかというような点等にあるといわれるが、勝訴を確信している当事者は当然和解は完全なWinではなく結果的には請求の一部認容であるに過ぎないのであるから、相手方に小さなWinすら与えたくない、自らに一方的に有利なWinを望むのであってWin-Winの関係を望まないからである。総体的にみれば多少の譲歩をしても判決なら全部勝訴すべきところ一部勝訴は彼にとって決

してWinとは感じられない場合があるのである。換言すれば相手方に一部のWinを譲るWin-Winでは不満であって、完全に一方的なWinでなければ満足しない当事者も多いのである。このことは完全なWinを確信する原告についてのみならず被告についても、彼らが完全なWinを期待している以上当てはまるのである。それだけに和解における則法性の要請は強くなければならない。

## 2　和解の型──対席型か交互型か、裁判官の中立性と関連して──

　私の調停委員時代、調停は交互型がほとんど原則といってもよかった。例外的に極めて特殊な事情がある場合に限って、対席型が認められた。当事者も代理人も更にいえば調停委員会もそれを当然のものと考えていたように思う。

　そのために調停委員会が交互型を当然のように採用し、当事者または代理人からいずれの型をとってもらいたいという要望は一切なかった。

　しかし近時の学説の大勢は和解や調停における当事者権の保障という観点から原則は対席型、特別な事情がある場合は例外的に交互型でもよいといわれ、対席型が原則とされている。私もこの立場をとるべき旨を説いたことがある。交互型か対席型かについては当事者の意見にしたがうとの見解もある。当事者双方があえて交互型を望むときは手続保障の放棄であるからそれは認められてしかるべきであるということになるのであろう。これに反して私は近時和解は対席型でなければ当該手続は違法であり、そこで成立した和解は無効ないし取り消しうるものではないかと考えている。

　従来、手続保障が既判力の根拠と考えられていたことは周知のとおりである。裁判官の中立性は手続保障に含めて説かれていたかというとそうともいえない。手続保障の重点は訴訟手続のなかで両当事者に平等に攻撃防御の機会を与えるべきものという点にあった。

## 第3節　附　　論

諸々の体系書をみても裁判官の中立性が手続保障のなかに含めて説かれることはなかった。僅かに中野＝松浦＝鈴木編『民事訴訟法講義　第2版補正2版』188頁が訴訟における法律問題を(1)当事者間の関係（水平関係）と、(2)当事者と裁判所の関係（垂直関係）に分けて、(1)において当事者の平等、(2)において除斥・忌避・回避等を説いている。後者は裁判官の中立性の問題であるが、一般に当事者の平等は主として当事者権の問題として説かれている。広い意味では(2)も当事者権の問題に含めてよいであろう。

このような状況の下で私見は敢えてここで裁判所ないし裁判官の中立性の問題を司法制度論的観点から強調してみたい。裁判所の中立性の問題は憲法76条（更には82条等）に明規されないまでも組み込まれているものとみるべきなのであろう。かような観点からすると、交互型は裁判官の中立性を疑わせるものである。

手続保障、当事者権の平等は、主として訴訟手続内における既判力の根拠として提唱された傾向があるが、裁判官の中立性の問題は、司法制度的観点に重点を置くものであるといえようか。

現にドイツ民訴法273条3項は調停の対席性を要求している。交互型の調停は許されないのである。これは裁判官の中立性に由来するといわれている。

わが国の場合手続保障の観点を重視して対席型が和解の典型とみる見解も例外的に交互型を否定するものではなく、特別な事情のある場合例外的に交互型を認めているようである。特に当事者が交互型を希望するという場合、当事者はある意味では自らに与えられている手続保障を放棄しているとも考えられるのであるから、手続保障という観点のみからすると交互型が不都合であるとはいえない場合がでてくる。これに対して、対席型の根拠を裁判所の中立性に求めるとすれば、和解は対席型であることが必要的である。例外的にであれ、交互型を認める余地がないことになる。特に裁判所の訴訟

第9章　訴訟上の和解における実体法との乖離

手続内で行われる訴訟上の和解にあっては対席型は絶対的要請である（本書第6章第4節）。

これに対して調停の場合はどうであろうか。調停は裁判所内のADRであり、裁判官ではなく調停委員会が手続を担当する。調停委員会を構成する調停主任は裁判官であるから、その中立性を保護するとの観点からすれば、これも対席型でなければならないというべきなのであろう。

同じADRでも裁判所外のADRにあっては当事者権の保障の要請はあっても、裁判官ないし裁判所の中立性という憲法上の要請はないのであるから、私見によれば原則は当事者権の保障の要請からみて対席型であるべきであるが、例外的に交互型が認められる。

付言すればドイツ民訴法279条は訴訟係属中になされる調停について、第3項は両当事者本人の出頭を必要とし、第4項はいずれか一方でも欠席した場合、当該調停手続を休止すべき旨を規定し、対席型の必要性を規定している。

本問題については本書第2章第6節、第4章第2節、第6章第4節、第9章第3節2を参照。

## 3　司法権の及ばない事項についての和解

以上の諸点に増して重要な問題は司法権と部分社会の関係である。部分社会に司法権が及ぶ場合と及ばない場合とがある。

例えば司法権が部分社会の紛争について関与しないとした事件として以下のものが有名である。

①最大判昭和35年10月19日民集14巻12号2633頁、憲法百選Ⅱ（5版）414頁は「自律的な法規範をもつ社会ないしは団体に在っては、当該規範の実現を内部規律の問題として自治的措置に任せ、必ずしも、裁判にまつを適当としないものがある」として、村議会における出席停止の懲罰はまさにそれに該当するものと解される旨判示す

第 3 節　附　論

る。②最判昭和52年3月15日民集31巻2号234頁富山大学単位認定事件、憲法百選Ⅱ（5版）416頁は以下のような事件に裁判権は及ばないとしている。すなわち、「大学は、国公立であると私立であるとを問わず、学生の教育と学術の研究とを目的とする教育研究施設であつて、その設置目的を達成するために必要な諸事項については、法令に格別の規定がない場合でも、学則等によりこれを規定し、実施することのできる自律的、包括的な権能を有し、一般市民社会とは異なる特殊な部分社会を形成しているのであるから、このような特殊な部分社会である大学における法律上の係争のすべてが当然に裁判所の司法審査の対象になるものではなく、一般市民法秩序と直接の関係を有しない内部的な問題は右司法審査の対象から除かれるべきものであることは、叙上説示の点に照らし、明らかというべきである。

　大学の……単位の授与（認定）という行為は、学生が当該授業科目を履修し試験に合格したことを確認する教育上の措置であり、卒業の要件をなすものではあるが、当然に一般市民法秩序と直接の関係を有するものでないことは明らかである。それゆえ、単位授与（認定）行為は、他にそれが一般市民法秩序と直接の関係を有するものであることを肯認するに足りる特段の事情のない限り、純然たる大学内部の問題として大学の自主的、自律的な判断に委ねられるべきものであつて、裁判所の司法審査の対象にはならないものと解する」として司法審査権の限界を示している。

　③これに対して、司法審査の対象となるとした判例として以下のものがある。

　例えば、最判平成6年6月21日判時1502号6頁、平成6年度重判6頁は、以下の如く判示している。「町議会が、議員である被上告人に対し、被上告人が上告人所有の土地を不法に占拠しているとして議員辞職勧告決議等をしたことが、被上告人に対する名誉き損に

## 第9章　訴訟上の和解における実体法との乖離

当たるとしてされた本件の国家賠償請求は、裁判所法三条一項にいう『法律上の争訟』に当たり、右決議等が違法であるか否かについて裁判所の審判権が及ぶものと解すべきである」と判示している。大阪高決平成3年8月2日（判タ764号279頁、平成3年度重判7頁）は公立の工業高等専門学校における原級留置措置は、「それにより、学生は通常であれば履修できる次学年の定期試験を受験できない不利益や、原級の全科目を再履修しなければならない不利益を被るから、学生の権利に重大な利害関係があるものとして、司法審査の対象となる」と判示している。最判平成7年5月25日、民集49巻5号1279頁、憲法百選Ⅱ（5版）348頁によると「政党等の政治結社は、政治上の信条、意見等を共通にする者が任意に結成するものであって、その成員である党員等に対して政治的忠誠を要求したり、一定の統制を施すなどの自治権能を有するものであるから、各人に対して、政党等を結成し、又は政党等に加入し、若しくはそれから脱退する自由を保障するとともに、政党等に対しては、高度の自主性と自律性を与えて自主的に組織運営をすることのできる自由を保障しなければならないのであって、このような政党等の結社としての自主性にかんがみると、政党等が組織内の自律的運営として党員等に対してした除名その他の処分の当否については、原則として政党等による自律的な解決にゆだねられているものと解される（最高裁昭和60年(オ)第4号同63年12月20日第三小法廷判決・裁判集民事155号405頁参照）。そうであるのに、政党等から名簿登載者の除名届が提出されているにもかかわらず、選挙長ないし選挙会が当該除名が有効に存在しているかどうかを審査すべきものとするならば、必然的に、政党等による組織内の自律的運営に属する事項について、その政党等の意思に反して行政権が介入することにならざるを得ないのであって、政党等に対し高度の自主性と自律性を与えて自主的に組織運営をすることのできる自由を保障しなければならないという前記

## 第3節 附　論

の要請に反する事態を招来することになり、相当ではないといわなければならない。名簿登載者の除名届に関する法の規定は、このような趣旨によるものであると考えられる。

　参議院議員等の選挙の当選の効力に関するいわゆる当選訴訟（法208条）は、選挙会等による当選人決定の適否を審理し、これが違法である場合に当該当選人決定を無効とするものであるから、当選人に当選人となる資格がなかったとしてその当選が無効とされるのは、選挙会等の当選人決定の判断に法の諸規定に照らして誤りがあった場合に限られる。選挙会等の判断に誤りがないにもかかわらず、当選訴訟において裁判所がその他の事由を原因として当選を無効とすることは、実定法上の根拠がないのに裁判所が独自の当選無効事由を設定することにほかならず、法の予定するところではないといわなければならない。このことは、名簿届出政党等から名簿登載者の除名届が提出されている場合における繰上補充による当選人の決定についても、別異に解すべき理由はない。」と判示して司法審査を行っている。また、司法審査の対象を限定判示した判例としては、最判昭和63年12月20日判時1307号113頁、憲法百選Ⅱ（5版）418頁がある。すなわち、「政党の結社としての自主性にかんがみると、政党の内部的自律権に属する行為は、法律に特別の定めのない限り尊重すべきであるから、政党が組織内の自律的運営として党員に対してした除名その他の処分の当否については、原則として自律的な解決に委ねるのを相当とし、したがって、政党が党員に対してした処分が一般市民法秩序と直接の関係を有しない内部的な問題にとどまる限り、裁判所の審判権は及ばないというべきであり、他方、右処分が一般市民としての権利利益を侵害する場合であっても、右処分の当否は、当該政党の自律的に定めた規範が公序良俗に反するなどの特段の事情のない限り右規範に照らし、右規範を有しないときは条理に基づき、適正な手続に則ってされたか否かによって決す

べきであり、その審理も右の点に限られるものといわなければならない」としている。

　私は上記裁判例が妥当な内容を有するものと解しているが、ここではその当否を批評するものではない。問題は司法権の及ぶ範囲内での和解は適法であるが、司法権の及ばない範囲では裁判所は和解を勧試し和解案を提示し和解を成立させる権限をもつか否かという点である。和解は司法権の一隅である訴訟手続内で行われるものであるから、司法権の対象外の事件は却下されるべきであって、これについて和解を成立させることはできないというべきである。ここでは司法権の範囲外の訴訟事件における和解は法を逸脱しているといえる。

# 第10章　弁護士会におけるADR

第1節　弁護士会ADRの近時の傾向とその問題点
第2節　ADRの二類型——法的評価型か対話促進型か——
　1　問　題　点
　2　法的評価型と対話促進型は異質なものであってよいのか
　3　対席型か交互型か
第3節　弁護士会ADR利用の低調性
　1　その理由
　2　弁護士会ADRとその他のADR
第4節　結語——ADRの拡大と裁判を受ける権利——

## 第1節　弁護士会ADRの近時の傾向とその問題点

　中村芳彦「弁護士とADR——弁護士会ADRを中心に——」仲裁とADR Vol 2. 36頁以下（これを以下、中村論文と略す）の37頁は最近の弁護士会とADRの現状について次のように述べている。第一に、これまでなかった単位弁護士会にADRを設けるものが増えていること。第二に、単位弁護士会自身がADR認証法の認証を受くべきか否かという問題があること。第三に日弁連や単位弁護士会に司法書士会、行政書士会、社労士会等の隣接他士業からADRの立上げについて協力要請があること、以上の三点であるとされている。

　私は、これまでもことある度にADRにおいても則法性が必要である旨を説いてきた。ADRのなかで最も典型的且つ重要なものは裁判上の和解や調停などの裁判所型ADRなのであり、弁護士会ADRは法曹資格のある弁護士をもって構成されるADRであるがゆえに他の認証ADRよりも裁判所型により近いもの、裁判所型に次いで重要なものと解すべきであるといっても過言ではないであろう。

第10章 弁護士会におけるADR

したがって、弁護士会ADRの開設は、大いに歓迎すべき現象であるといえる。日弁連や各単位弁護士会も数多くの義務的又は任意の研修を提供して会員の事件処理の法的スキルを磨くことに努力をしている。弁護士会は最も法に近い法律家集団の一つなのであるから、則法性のあるADRの理念からすれば多くの単位弁護士会がADRを設ける傾向は大いに歓迎すべき傾向である。同じ理由から隣接士業会が密接に法に接する法律関係機関であるため、隣接士業会がそれぞれの限定された専門性をもちながらも認証を受けてそれぞれのADR機関を設置して紛争解決に協力しようとする態度は否定すべきではない。弁護士会の協力が求められた場合、則法性の維持の観点から弁護士会もこれに協力すべきであろう。この点では新司法試験下における弁護士のいわゆる過剰化現象を若干なりとも緩和するための対応策が見出される。

本章ではさしあたり前記第二の問題については、私見は日弁連が認証団体であれば単位弁護士会はADRの主体たる認証団体としての認証は不要と解すべきであると考えるが、なお私自身若干検討してみたいと考えるのでこの点の検討は別稿に譲りたい。

## 第2節 ADRの二類型——法的評価型か対話促進型か——

### 1 問 題 点

ADRをめぐる二つの型、すなわち法的評価型と対話促進型とは本質的に異なってよいものなのであろうか。本書第1章第2節においてはこれら二つの型を心証中心型か交渉中心型かという表現を使っている。本章本節において異なる用語を用いたのは本章が中村論文を引用したことによる。法的評価型と対話促進型といっても心証中心型と交渉中心型といっても変わりがあるわけではない。とこ

ろで、ADRの型としてよく問題になるのは、対席型と交互型であるが、ここではこれとは別の類型、すなわち法的評価型か対話促進型かという機能的区別である。制度設営者がいかなるADRを目指すかという観点から分類するとADRにこれら二種類の型があるといわれる。中村論文によれば、従来の弁護士会ADRは前者でありあるいはそれに近いものであり、そこでは法的知識等にかかる専門能力（法的知識、争点整理力、説得力）に基づいて紛争を解決しようする評価型がとられているとされている。訴訟上の和解とか調停もこの型に属する。これに対して、新規参入隣接士業によるADRの型は対話促進型あるいは自主交渉促進型中心のADRであるとされている（中村論文38頁）。私見は弁護士会ADRはADRの則法性の理念からみれば本来法的評価型であるべきであると考えている。なおこの点については本書においては勿論のことそれ以前から随所に説いてきた処である。次の2を参照されたい。

## 2　法的評価型と対話促進型は異質なものであってよいのか

　私見は以前から訴訟上の和解とか調停において基本的に重要なのは紛争解決の則法性であり、個別事件の解決についてはこれを基準として事案の内容に応じて法的評価、すなわち則法性からいずれの範囲で乖離できるかという問題があるにすぎないと主張してきた（この点について本書においても随所に主張してきた）。このような観点からみると、評価型は当然であるが、対話促進型であってもADR機関は則法性を前提として対話や合意を促進することが必要であるということになる。そうなると評価型に則法性を求め、対話促進型にその要素を求めないとすることは背理であり、したがって、評価型か促進型かは単なるADR手続の進め方の違いに過ぎないことになり、目標は同一にして目標にいたる方法が若干異なるというに留まるということになるのではないかと考えている。基本は評価

第10章　弁護士会におけるADR

型であり、そこに交渉的要素が加わるべきなのである。裁判所や調停委員会が評価型で心証を開示しつつ（心証開示請求権を当事者が認めるか否か別の問題もある。この点については主として本書第6章第3節参照）対話を促進するという方法もあるし、心証を開示することなくしかし心証を前提にして対話促進型をとることもありうる。対話促進型といってもADRの則法性を重視する限りにおいて、まずもってADR機関としては通常はある程度の心証を形成しそれを開示しつつ手続を進めるのが必要であり、そのようにしないと、則法性のある対話の促進もできないのではないかと思われる。ただ闇雲に対話を促進することにのみ専念すればよいというものでもないであろう。中村論文のいう対話促進型の手続にあってもADR機関がある程度の心証に基づいて和解条項を形成しないと対話の促進も覚束ないことになるといわれるから、促進型手続を進めるにあたり、ADR機関が一定の心証をもつというのが一般的であろう。このように考えるとすべてのADRについて法曹有資格者が参加することは、不可欠といってよい。このことはADRに則法性を求める私見からみれば当然のことである。法的評価は当然の前提であり心証にしたがって手続を進めることは不可欠なのであるが（ここで当事者に心証開示請求権まで認めるか否かは別問題である。この点については本書第6章第3節参照）、これに対して対話促進型の手続をとったからといって則法性が不要ということにはならない。そうなると隣接士業のADRの分野においても対話促進型の解決手続をとるにしても弁護士の関与は不可欠であって、当該士業者のみでADR手続を主催することには異論がないわけではない。私見によればADR促進法6条5号の弁護士参加はこの意味で常時必要的であるとする旨の改正が望まれるのである。この面で新司法試験合格者の職域の拡大に多少の効用はあることは必定である。そのためには弁護士にADRの効用を理解してもらうこと、そうなれば他士業会のADRに

ついても弁護士の必要的参加に基づいて利用者にその効用を説明することができることになる。なおこの点については、「ADR法第6条の弁護士の助言等を行う弁護士の推薦等に関するガイドライン」（日本弁護士連合会）を参照されたい。そうなれば弁護士の参加する他士業界のADRが信頼をかちえるであろうし、その利用が促進され、それが活性化することになるであろう。

なお、弁護士について、ADRの結果の予測可能性が少ないと中村論文（39頁）が述べているが、私は解決の結果の予測可能性を考えて、ADRの制度の利用促進のために事例集の刊行をこれまでも折に触れて説いている。この点について本書第1章第4節、第3章第2節Ⅲ、2。

## 3　対席型か交互型か

私は本書第6章第4節において裁判所ないし裁判官の中立性という観点から訴訟上の和解や調停は対席型でなければならず、交互型は違法である旨を説いた。その話をあるセミナーにおいて報告したときに、ある裁判官経験者がいうには、交互型で一方当事者の話を聞くだけで当該当事者の気持ちが和らぎ和解が成立することがあるので必ずしも交互型を否定すべきではない旨の意見を開陳された。この点は私にも理解できないわけではない。交互型で相手方の不在の場所で、紛争の背景を裁判官に聞いてもらうということが、いわばカウンセラー的役割を果たし和解や調停の成立に重要であるというのである。

しかし、私見は、和解や調停にあっては対席型であることによってはじめて当事者権の保障や裁判官の中立性が維持されると考えている。但し当事者権の保障という観点のみからすれば当事者がその権利を放棄して交互型でよいとすれば、裁判所は調停を交互型で進める余地がでてくるが、裁判官の中立性の観点からみると交互型は

違法であることになる（本書第6章第4節）。たしかに、特に裁判所における事件のADR的処理に当たって第二東京弁護士会が利用者の苦情処理制度を設けているとの説明（中村論文41頁）が見られるが、この制度等は正式にはADR手続開始前の問題としてみるとカウンセラー的役割を十分果たしているといえるのかも知れない。カウンセラー的手続は、ADR手続開始前の手続であれば担当ADR機関の中立性を阻害するものではないといえるかもしれない。評価できる一つの工夫であるように思う。もっとも、私が本書前掲箇所において厳格にADR機関の中立性を求めるのは裁判所が関与する訴訟上の和解についてである。

あるいは、和解や調停にあっても、正式の期日外でカウンセラー的な期日を設けて訴訟法でも認められている期日外釈明をするという言い方をするのであれば、それが対席型の欠点を若干なりとも交互型方向に緩和し違法であるとはいえないともいえるのであろうか。すなわち、これは期日外釈明の一種として位置づけることができるのであろうか。それにしても和解期日や調停期日をその目的のために交互型を利用することには問題があるのではないかと思われるのである。

## 第3節　弁護士会ADR利用の低調性

### 1　その理由

中村論文39頁はその低調傾向の原因を以下の三点に絞って列挙している。すなわち「①これまでの法曹教育課程における訴訟中心主義の影響、②弁護士が手続実施者になることは裁判所の調停委員などを除き、大半の弁護士に経験が乏しく、むしろ代理人としての意識性に反するとの思考、③ADRの利用一般について、結果が予測

## 第3節　弁護士会ADR利用の低調性

しづらく、弁護士報酬がもらいにくくなるとの考えなど」とされている。これらはいずれももっともと思われる指摘ではある。しかし①は、ADRが訴訟の方式拘束性と比較して無方式であることを考えると必ずしも弁護士をADRから遠ざける重要な要素とはいえないように思うし、若し②の指摘が正しいというのであれば、意識改革を通して弁護士を教育することが肝要である。②の理由も弁護士が修習中に和解や調停の研修を受け又は経験をしていなくても、調停や和解の方式自由性を考えると、重要な要素とはいえないように思われる。またこの点はいわゆる弁護士会研修を以て十分補えるものであろう。いずれにしても、（イ）特に弁護士についていえば和解や調停の経験を重ねることによって事件のおおよその落とし処が予測できるようになるであろう。（ロ）結論の予測可能性については、私がかねてから指摘しているように和解や調停の事例集の刊行が望まれるところであることを改めてここで主張しておきたい（本書第1章第4節および第3章Ⅲ2）。（ハ）他士業界のADRについても当該ADR機関の構成に弁護士の参加を強制的なものにすれば、解決条項の予測は必ずしも難しいものとはいえないであろう。（ニ）何よりもADRは則法性のある任意の合意をさせる制度なのであるから、ADR手続において結果が不調に終った場合には訴訟の途が残されていることも意識していれば、ADRの促進に何の問題もないことになるのではないかと思われる。利用者はその認識を強くもってADRを利用すればよいのである。むしろ重要なことは裁判所が、和解担当者としての弁護士を実務の手続のなかで教育すること、あるいは弁護士会自身の弁護士に対する研修を行うことが必要である。

　弁護士会のADRの重要性は他の隣接士業会のADRと異なりADR機関の構成が本来の法曹有資格者であるという点にある。この点と関連して若干懸念があるのは法律家を含むADR機関にかかる以前

に非法律家等からなる事務局段階において相談員による相談で事件を相手方に繋ぐ等して解決してしまう点である。事務局による事実上の解決もあるであろうし、事務局段階・相談段階での解決によって本当に国民の信頼が得られる法律にそった解決が可能なのであろうかという点である。

以上において第二東京弁護士会における弁護士会ADRの数の減少化傾向に関連した若干の私見を述べた。

この点に関連して一言付言しておきたい。製造物責任法の制定により、更にはこれに加えてADR促進法の制定により数多くのADR機関が設置され活動をしている。それらが活動を始めることに伴って第二東京弁護士会にかかるADRの減少化現象が見られることはある意味では必然的な現象であると思われる。

しかしながら重要なことは、弁護士会は全国各地に存在しているために利用し易いという点であり、この点が製造物責任法に伴って開設されたADRとの大きな相違である。利用勝手という点では特に地方在住者にとって弁護士会ADRのほうがはるかに大きい。

## 2　弁護士会ADRとその他のADR

いわゆる製造物責任法の制定やADR促進法が制定されて以来、例えば隣接士業会等のADR機関が著しく増加したようである。弁護士会ADRの利用が必ずしも活発になったとはいえないのはこの点にも原因があるのではないかと思われるがいかがなものであろうか。

### 第4節　結語——ADRの拡大と裁判を受ける権利——

訴訟には訴訟の制度的長短がある。それらはこれまでもしばしば指摘されてきた。ADRにその手続的、解決内容的に一定の長所が

## 第4節 結　語

　ある点は認めなければならない。たしかにすべての法的紛争の大部分を訴訟が引き受けるだけの余裕は司法の現在の容量には到底存在しない。その余裕のない部分をADRが引き受けている点も見逃すことはできない。いかに裁判制度を拡充しようとも、すべての法的紛争の解決を訴訟という形で裁判所が引き受けるだけの余裕のある国家はないといってよいであろう。したがって、紛争解決の質の問題は別にしても、ADRは訴訟の内外において残らざるを得ないことは確かである。訴訟法を改正して訴訟の合理化ないし促進を図ったとしても司法の容量を適正規模に拡大しない限り、制度改正の効用には限度がある。ADRの紛争解決内容の訴訟にないメリットは十分に認めるにしても、ADRには訴訟の負担しきれない法的紛争の解決を引き受けなければならないという宿命がある。

　訴訟による解決を求められる法的紛争が司法の容量が小さいために必ずしも当事者が希望しないADRに流れざるを得ない現象を可能な限り食い止める方向で、司法の容量を拡大するという根本的な努力がこれまでわが国の司法関係者の間でなされてきたといえるのであろうか。憲法32条は裁判を受ける権利を国民に保障しているのである。一方でADRの紛争解決の方法、内容に伴う一定のメリットを評価しながらも、他方でそれが裁判を受ける権利の代償であってはならないという懸念を法律家は常に持たなければならない。

# 第11章 山本説・垣内説について

第1節 山本和彦説の「訴訟上の和解論」について
 1 山本和彦教授の訴訟上の和解論
 2 (1) 和解の効力について
 3 手続規制の必要性について
  (2) 手続規制必要論
  (3) 手続的規制の意義
 4 結びに代えて
第2節 垣内報告を読んで

## 第1節 山本和彦説の「訴訟上の和解論」について

　山本和彦教授の「訴訟上の和解論」(以下、本書において山本説と表記する) は、民事訴訟雑誌43号 (1997年) 128頁以下に詳細であり、極めて緻密なものであり、且つ従来の和解理論を更に発展させる要素を含むものとして評価される。同稿は1996年の民訴学会において行われたミニ・シンポにおける報告原稿である。しかし私見は山本説に賛成の部分も多いのであるが、若干の部分で異なる点もあるので、ここに私見を述べておきたいと考えて本書の刊行にあたり本章を執筆した。以下、山本報告の順序にしたがって私見を述べてみたい。以下の雑誌名を付さない引用は民事訴訟雑43号である。

### 1　和解の効力について (129頁以下)

　山本説は制限的既判力説をとる (130頁上段)。私が既判力否定説を採用している点については本書第7章第2節1(1)を参照されたい。私見は、ここで改めて繰返さないが若干の加筆については後述する。
　山本説は、「手続的規制の強化を前提に、和解の効力も強化すべ

## 第11章　山本説・垣内説について

きものと解するものです。けだし、当事者が和解に執行力とともに既判力を求めることも十分に考えられ、その場合にその要望に応じるべきものと考えるからです。」「両方のサービスを求める当事者の需要を満たす道（既判力という強い効果を伴う合意による紛争解決を求める道）を開いておくことが、ここでは重要と思われるからであります（ただ、両者が一致して既判力を不要とし、裁判所も、それに同意できるときは、三者合意による既判力回避の余地を認めてもよいと考えます）。このような観点からは、当事者の希望にかかわらず、つねに「弱い和解」を押しつける議論は相当とは思われません」（130頁上段）と説いている。まさに画期的理論の展開である。

ただ、私見であって既判力は当事者が望むか否かにより与えられるという性質の効力なのであるか否かは問題であるように考えている。

訴訟上の和解の既判力について周知のごとく既判力肯定説、否定説、制限的既判力説が提唱されており、学説・判例も分かれているところである。これに対して、和解について山本説のような柔軟な考え方は極めて画期的な発想である。既判力の有無を当事者の意思に（勿論裁判所の同意という要件はあるものの）かからしめるということは、既判力という確定判決の最も基本的な制度的効力を当事者の意思に左右させることになるが、その意味で制限的既判力説の制限の意味に従来と異なる要素が加えられたことになる。旧来の制限的既判力説の一つの脱皮とみてよいのであろう。勿論この点について疑問は残るように思われるのである。

山本説は、和解における既判力を当事者が望むか否かにより発生させたりさせなかったりすることが正しいとする。他方、和解の既判力について山本説は制限的既判力説を採用している。通常制限的既判力説は和解に含まれる私法上の和解が有効であれば既判力を生じ、無効であれば既判力を生じないとする見解である（私見は訴訟

## 第1節　山本和彦説の「訴訟上の和解論」について

行為としての無効性も含めてよいと考えている）。山本説は、新しい観点を加えて制限的既判力説を展開されているように思う。すなわち、既判力の有無を和解に既判力を与える当事者の意思にかからしめるという意味での既判力の制限を説くという意味をも制限的のなかに含めようとするのであるから、旧来の制限的既判力説とは異なる意味もそのなかに展開されているのである。

　当事者の意思の尊重という観点からみると、既判力と同じく和解の効力として執行力を考える場合、これも当事者の意思にかからしめるという見解も成立ちうるのであろうか。既判力を当事者の意思にかからしめるというのであれば執行力も当事者の意思にかからしめるということも可能なのではなかろうか。既判力、執行力の双方を当事者の意思にかからしめるということになると、訴訟手続のなかで成立した訴訟上の和解に当事者が既判力も執行力も不要とした場合、民訴法267条が訴訟上の和解の効力として確定判決と同一の効力と規定したことの意味がなくなるのではないであろうか（訴訟終了効はあるが）。もっとも、このような場合たとえ訴訟手続内で成立した和解であってもそれを以って訴訟上の和解とはいわないというのであれば、それはそれなりに筋が通った説明にならないわけではないと思われる。①和解の既判力論については前述のごとく、私見は肯定説をとるのであるが、肯定説、否定説、制限的既判力説のいずれをとるか、決定的な要素として考えられることは、つまるところ、手続保障と裁判所の関与度が問題になってくるのであろう。和解の成立に関する裁判所の関与度が問題になり、それが高度である場合は既判力肯定論に傾き、それが低い場合には、既判力否定論に傾くということになるのかもしれない。しかし裁判所の関与度の強弱は一般的にいえることではないので、制度論としては既判力について認めるか否かを学説・判例上決めておく必要がある。和解という行為の性質論は近頃殆ど論じられることはないのであるが、周

第11章 山本説・垣内説について

知のごとく、私法行為説と訴訟行為説を対立軸としてその中間に両性説とか併存説が提唱されている。訴訟行為説を別とすれば、それ以外の説はいずれも和解に私法行為的側面を認めている。ドイツ民訴法でもとをただせば、和解の私法行為性を重視するがゆえに和解については債務名義であることの規定はおくものの（ZPO794条1項1号および794条a）、日本民訴267条が規定するように「確定判決と同一の効力を有する」との規定はない。ドイツ民訴法の条文からは既判力説も制限的既判力説もでてこない。ドイツ民訴法の場合、訴訟上の和解に関していえば、私法上の和解として当事者の意思が重視され、裁判所の関与度は必ずしも重要視されていないのである。

　山本説では既判力を認めるか否かについて当事者の意思にかからしめている。すなわち、和解では本来制度的効力である既判力付与の可否についてまで当事者の意思にかからしめているほど、和解の当事者の意思を尊重されているのである。それは制度的に和解の成否が本来当事者の意思にかからしめられているからに他ならないことに由来しているからであろう。

　和解の成立について裁判所の関与が強いがゆえに既判力を認めようという議論も成立つ余地はありうる。しかし実務上の関与がそれほど強くなくても、和解が成立するのであるから、この点も考慮して考えると、制度的効力としては総体的にみて既判力を否定しておくのが無難な理論ということになるのではなかろうか。なお既判力否定説をとる私見については本書第7章第2節1(1)参照。

## 2　手続規制の必要性について

　山本説は、和解の成立過程においても手続保障のない限り両当事者の納得のいく和解を成立させることができないとされる、このことは正しい理論であって、合意による瑕疵の飲込論は正当ではない、と説かれている点（130頁下段-131頁上段）は全く賛成である。既判

第1節　山本和彦説の「訴訟上の和解論」について

力否定説をとったとしても和解には執行力という強力な効力がある以上、和解は裁判所が関与しつつ裁判手続のなかで成立するものであって公証役場において成立する執行証書とは異なるのであるから、手続保障は必要である。私見は既判力否定説をとるが、肯定説をとっても手続保障を欠く和解は再審の対象になる。

(1) 手続規制必要論

山本説は手続的規制をアプリオリに否定する説として以下の三つを挙げて検討されている。(130頁下段以下)

① 合意による瑕疵飲込論の不当性（130頁下段）

この点について現在のところ学説上異論はないように思われるのでここでは本書では特に取上げないことにしたい。

② つぎに「和解の手続規制がなくとも事後的に錯誤無効などにより和解の効力を争う機会が与えられるので問題はないとする見解もありえましょう」と述べて、この点について山本説は「事後的矯正の余地の存在はそれだけで直ちに事前の手続的規律を否定する根拠にはなりえない」（131頁下段）とし、その理由として以下のように述べている。すなわち、a. 瑕疵の立証の困難性等を挙げている（131頁下段）。この点も正当であるように思う。山本説はこの証明の問題に加えて、b. 瑕疵を証明して和解を覆しえたとしても、それは既存の法的状態を、法的安定性を失わせることになる点も指摘される（131頁下段）。いずれも妥当な見解であると思う。

③ さらに加えて手続保障必要論の根拠として以下のように述べている（132頁上段）。a. すなわち、私法行為説の立場によると手続保障は不要ということになる傾向に陥るが、そのような傾向は誤りであると山本説は指摘される（132頁上段）。そして、ⓐ訴訟上の和解の私法行為性を前提としてもそこには通常の契約と異なる傾向があり、裁判所の仲介があること、必要的に和

## 第11章 山本説・垣内説について

解には裁判所の介入による間接的機能が認められる等の理由から、手続規制は必要であるとされているのである（131頁上段以下）。私もこの見解に賛成である。私は周知の通り和解の法的性質について私法行為説を採用している。訴訟上の和解は終局的には私法行為ではあると考えるが、裁判所が和解手続のなかで合意に向けて和解を誘導する側面があること（換言すれば、そこに間接強制的要素があること）は否定し難い（私見はこのような間接強制的要素（特に心証開示によるもの）は極力排除すべきであると考えているが）ことは確かである。和解には則法性が必要とされるという私の見解からすれば、和解の成立にあたり則法性の維持が基本的に必要とされ、その点から既に手続保障が必要とされるとの考え方が出てくる。ⓑ手続保障を必要とする第2の要因として、和解の効力として既判力や執行力が考えられるが、少なくとも執行力という強力な効力が認められる以上、実体上の和解とは異なり手続保障が必要であるとされる（132頁下段）。この点正当な指摘であると考えている。正当な瑕疵なき和解条項を目指す以上、その前提として手続保障のある和解手続をとるべきであって、その保障を欠いても成立後の無効ないし取消しにその正当性を委ねればよいという考え方は筋道が通らない。事後救済があれば正しい手続をとらなくてもよいとするのは考え方として邪道であることは明らかである。ⓒ和解裁判官と判決裁判官とを区別しない限り、事実上の問題として和解手続における裁判官の心証形成が和解不調後裁判の心証形成に影響する点を考えると、そこに和解手続における適正手続の規制が必要となる理由が認められるとされている（132頁下段）。私はこの点異なる観点から若干指摘している（本書第6章第3節）。私見によれば、和解における心証形成が和解不調後の訴訟手続に利用されることの不合理性こそ是正すべき

第1節　山本和彦説の「訴訟上の和解論」について

ものであると考えている。しかしそのような制度改正がない今日、山本説の指摘は正当であると考えている。

(2) 手続的規制の意義

　和解手続における手続保障は、私見のように和解条項に基本的には則法性を求める立場からすれば、あるいは則法性までは求めないまでも和解における譲歩の正当性の維持のために必要不可欠なものであるということができる。しかし、山本論文は他方では「和解を締結する当事者の意思表示の真正を担保するために手続的規律が要請されるとする立場」を指摘されて、続けて「これは、当事者の意思表示の合致という伝統的な和解の正当化根拠を維持しながら、その欠缺のおそれを手続保障により補充するというアプローチであります」とされている（133頁下段）。そして続けて「和解について言えば当事者の最終的な意思表示を無視して正当な手続が行われればそれでよし……とするのは近代的な意思自治論の原則からの完全な隔離であり、当事者の人格の無視」とされる（134頁上段）。また「仮に不合理な意思であっても、最終的に示された和解拒絶の当事者意思を、手続過程を根拠に否定してしまうことを容認する立場はやはり賛同しがたいものがあります」（134頁下段）とされている。すくなくとも手続保障のある和解手続において和解の諾否の意思は決定さるべきで、和解の諾否の意思は手続保障のある手続のなかで形成されなければならないとする点には全く賛成である。判決にあっては、判決の内容形成は裁判所の専権事項であるから、当事者の意思と無関係になされる。これに対して、当事者の和解に対する諾否形成の根拠としての手続保障は判決におけると同様の意味で成立つものではないが、和解の場合は和解の諾否のために必要とする考え方には賛成である。但し、和解における当事者からの心証開示請求権を認める立場につながるか否かについては問題がある。

　私見は本書第6章第3節において、和解手続において得られた心

証を和解不調の場合、その後の判決手続における心証に利用すべからざることを説いた。現行訴訟法上、実はこの点の手当てが不備であるように思う。訴訟にあって紛争解決は判決によってなされるが、訴訟上の和解にあっては当事者の意思によってなされるのであるから、手続保障は判決の正当性の根拠となるが、和解にあっては手続保障なしには当事者の合意意思の形成の根拠はないことになる。かくいうことは、山本説が主張されているように、和解はあくまでも合意であるから和解において手続保障があってこそ当事者が和解の諾否の自由があるといえることはいうまでもない。

私見によれば裁判所において成立する和解には則法性が求められるという命題がたてられなければならない。和解に基本的な則法性が和解の要素であるとすると、その側面からみても、和解の成立過程における手続保障が必要とされるのである。この点に加えて、当事者にとって和解条項の諾否を判断する要素としての手続保障がなければならないと私は考えている。

以上に述べたとおり、山本説の発想は極めて画期的なもので、大いに評価できる。しかし、私見によれば例えば制限的既判力説についてなお検討を要する点を含んでいる。すなわち従来の学説をテーゼとすれば、山本説は立派にアンチテーゼとしての意味を持つものと思うが、ジンテーゼとして確立するにはなお若干の検討を要するように私には思われるのである。

## 第2節　垣内説を読んで

本節では垣内報告（以下垣内説という）、すなわち、民訴雑誌49号（法律文化社、2003年）232頁以下の民訴学会第72回大会（2002年）における個別報告の要旨「裁判官による和解勧試の法的規律」について若干の私見を述べてみたい。引用には垣内説の掲載誌である民事

## 第2節　垣内説を読んで

訴訟雑誌49号の頁数を挙げる。以下、上記報告の順序に従う。

　第一に、垣内説は以下のように論じる（233頁）。

　裁判官による和解勧試と当事者の利益の冒頭に、次の趣旨の記載がある。すなわち、「和解による解決は、当事者にとっての種々の利点を有するが、このことは、右の疑問に対する解答としては、なお十分ではない。すなわち、和解の利点としては、司法資源の合理的配分なども指摘されるが、これは、当該当事者自身よりも、むしろ民事訴訟制度の設営者ないし他の潜在的利用者の利益に資する点であり、その追求は、当事者自身の利益と対立する可能性をはらむ。またそもそも、裁判所が当事者の利益だと判断するということと、当事者自身が自己にとって利益だと判断するということとは、別問題であり、その判断は、私的自治の範囲内では、あくまで当事者自身に委ねられるはずであろう」とされているのである。

　私見はこの垣内説に賛成したい。これまでも私がしばしば述べてきたように、和解はそもそも私的自治に由来するものであって、司法資源の合理的配分という制度的利益はその反射的利益にとどまり、和解制度の本来的利益ではない。統計的にみて和解が司法制度についてかなりの省資源的効力をもつことは誰も否定しえないところである。しかしながらそれを強調しすぎることは、和解の私的自治的側面を蔑ろにするものであって、明らかに行き過ぎた考え方であるといえる。制度的利益の強調は私的自治の原則に対する圧力になってはならない。司法資源の配分の問題を考える以前に、諸国の共通の悩みといえる小さい司法の現状を変えて目標である司法の適正規模への変革こそ考えるべき筋ではないか、と私は考える。

　第二に、垣内説によれば（233頁）、和解の勧試は、判決の主体と和解勧試の主体とがほぼ同一であるために和解に強制的契機が認められるというのである。この点も全く賛成である。和解は任意の合意であるがゆえにいささかもそこに強制的要素があってはならず、

## 第11章　山本説・垣内説について

　私見がこれまでこのような和解における事実上の強制的効果を和解の間接強制的効果と称してきた。特にこの点で問題となるのは和解を勧試する裁判所による主要事実についての心証開示につき、当事者に開示請求権を認め（垣内報告236頁―肯定説―）、これに対応して裁判所に心証開示義務を認めるという問題である。和解勧試の間接強制的効果については本書第6章第3節に書いたように私見は否定的である。

　第三に、垣内説は、合意による瑕疵の飲込論、清算論について反対論を展開される（234頁以下）。私見も飲込論には反対である。但し飲込論の成否は既判力論にかかる側面があることを指摘しておかなければならないと思う。この点は瑕疵が実体的なものであるかあるいは訴訟法（手続法）的なものであるかを問わない。飲込論は結論的に既判力肯定につながるであろうし、飲込反対論は既判力否定説につながるであろう。両者の中間に飲み込み反対論の立場に立って、制限的既判力説をとる立場も考えられる。私見は既述のように、飲み込み反対説をとるので、その結果既判力否定説（本書第7章第2節1(1)）につながらざるを得ない。

　第四に、垣内報告235頁以下は、「あるべき規律に関する試論」にあてられている。そこでは「例えば、単に当事者の交渉の場を設定するというような場合には、前述のような強制の契機はさほど問題にならないと思われるが、裁判官が特定の解決内容に向けた働きかけを行う場合、とりわけ特定の和解案を提示する場合には強制の契機が強いといえる。したがって、正当性確保の必要性は、この場合において特に高いといえる」とされている。

　そこで法的規律のあり方について三つのアプローチを分類されている。すなわち(1)和解勧試ができる場合、それ自体を権利関係それ自体が不確実な場合に限るとする考え方、(2)強制の契機の伴わない場合に限り勧試ができるとする考え方、すなわち、和解による非法

## 第2節　垣内説を読んで

的解決は自己決定以外に正当化できないから、裁判所は自己の権威により権利の放棄等を求めてはならず、裁判所による和解案提示も自己決定のための情報提供の限度でされるべきであるとする見解がこれである。これらの見解に対して、垣内報告236頁は、和解案提示には強制の契機は伴われるものであり、それを伴わない和解案提示は想定できないので、強制の契機を伴うことを前提としてそれを正当化する枠組みを考えるべきであるとされている。

そしてその枠組みの一つとして、垣内説が指摘するのは、Wolfの見解で和解案の内容に実体法的拘束性を認めることにより、強制の契機を正当化しようという見解である。この見解は、和解内容の則法性を説く私見（石川意見）の立場と共通性を有する面があることを認めるが、私見は和解内容の則法性を基本としつつ、反面、これからの合理的範囲での隔離性を全く認めないというわけではない。したがって、隔離性を認める範囲内で上記の見解に全面的に賛成できるものでもない。Wolf説に対して垣内説は、同じ心証から出発しても和解案の具体化の仕方には幅があり得、現実には、裁判官の裁量が介在せざるを得ないが、その仕方自体は必ずしも実体法により正当化されるものではない旨を指摘している。さらには裁判官の心証を知らない当事者に示された和解案が心証に基づくものであるとみなさざるを得なくなり、実体法律状況との合致を検証する手段を有しない旨を指摘している。

裁判官が和解案を提示する場合、原則として則法性を要求する私見からいえば、まず心証に従って和解条項を立て、次に心証の得られない部分については、証明度等にしたがってあるいは隔離度が合理的範囲をこえない限度で（この点については本書第9章参照）譲歩案を作成するという形をとるべきであろう。

私見が和解に原則的に則法性を要求するという場合、勧試和解案や成立させる和解条項の内容が基本的に則法的でなければならない

*149*

ことを原則として、これをベースにして合理的範囲で譲歩がなされるべきであることを主張しているのであって、一切の譲歩を許さないとまでいっているわけではないことはいうまでもない。

　裁判外紛争解決というと、往々にして、足して二で割る、あまり理由付けのない、いわば融通無碍な妥協的解決を考えてしまうが、これを止めようというのであって、そこに法規範をベースにした社会的合理性が具備されていなければならないことを強調しなければならない旨を私は提唱したいのである。

　そこで問題になる適正な譲歩の範囲が問題になり、私見を訊ねられることも多かった。これを具体化することは極めて困難な問題であるが、抽象的にいえば、現行法に含まれる条理（現行法そのものであるが成文化されていない）、法たる慣習、合理的な事実たる慣習、近時の判例から読みとれる法発展上予期される法解釈の変化、諸外国における立法や解釈の現状等々（この点について本書第９章参照）である。譲歩の方向性を知るためには、特に解釈事例集の公刊が（予測可能性を知ることは、その刊行がなされることが肝要であることはこれまでも私がしばしば説いてきたところである）期待されるところである。

## 第12章　閑　　話
——民事訴訟の目的は何か——

　　第1節　序　　説
　　　　——訴訟目的論と訴権論——
　　第2節　民事訴訟の目的ないし訴権論
　　第3節　結　　語


## 第1節　序　　説
——訴訟目的論と訴権論——

　民事訴訟は何のためにあるのかという訴訟目的論と訴権論とは密接に関係している。以下の講演内容（本章〔後記〕参照）において目的論と訴権論とが、しばしば両者を区別することなく、交錯して登場してくることがあるが、それは両者の密接な関係に由来するものである。本講の展開にあたってこの点を予めお断りしておきたい。
　民事訴訟の目的は何か。この問題は今日でも争われている問題である。私はこれまで随所にその存在意義を、自力救済では「力は法なり」という誤った命題を通用させることになり、これを避けるために民事訴訟が設けられていると説いてきた。このことは歴史的事実として私が論証したものではない。しかし歴史的事実としてそうであることは容易に想像されると同時に、現代社会においても妥当する論理であると考えられる。裁判制度の存在意義は、法が法であり、権利・義務は実体法を忠実に貫くことにより権利保護がなされることにあり、それは「力は法なり」という命題を排除することに求められるべきである。換言すれば、権利の被侵害者が適正な手続を通してする適正な判断により（適法な手続による適法な裁判）権利

第12章　閑話——民事訴訟の目的は何か——

救済を求めることができるということにこそ訴訟制度の存在意義が求められなければならない。

## 第2節　民事訴訟の目的ないし訴権論

### 1　目的論ないし訴権論の多様性

　民事訴訟の目的については今日諸説が対立している。この点は周知のとおりである。第一は原告の実体法上の権利保護を目的とする制度という、訴権論でいえばいわゆる権利保護請求権説の立場がある。第二に国家の私法秩序を維持することを目的とするという見解がある。これを私法秩序維持説と称しておこう。第三に紛争解決説がある。民事訴訟の目的は本案判決によって法的紛争を解決することであると説く。却下判決をもってしては、法的紛争を解決しているとはいえないので訴訟制度を利用したことにはならないという。訴権論でいえばいわゆる本案判決請求権説がこの考え方の上に立てられている。本案判決請求権説がわが国の通説であるが、その内容は各論者により若干の相違がある。

　権利保護請求権説が実体司法の完結性を前提とし、私法秩序維持説がそれを前提としないという考え方があるとすればそれは誤りである。実体法秩序が完結的であることはありえないという点では両説は共通していると考えるべきである。本案判決請求権説にもこの考え方があるといってよいであろう。実体法秩序が不完全であることを前提として実体法に規定のない権利については、実体法の法理念によりあるべき権利を想定し、その保護を求めるのが権利保護請求権説であり、同じように法理念からみてあるべき法秩序を維持するというのが法秩序維持説である。したがって、実体法体系の不完全性は両説ともに認めるという点、そしてこのことを出発点とする

という点で変わりはない。そのように考えると、私法秩序維持説がいわゆる訴訟法説として実体法への従属性から離れたという考え方、換言すれば民事訴訟法が実体私法とは独立したアイデンティティを確立したとみることは明らかな誤りであるというべきである。両者の相違点は訴訟制度というものを国民の側から、権利保護という形で見るのか、あるいは国家の側から法秩序維持という側面からみるかという観点の相違に過ぎないというべきであろう。第四に多元説ともいうべき見解がある。この説は民事訴訟の目的を以上の第一説から第三説のように一元的に捉えるのではなく、それらのすべてが民事訴訟の目的であり、民事訴訟の目的を多元的に捉えるべきであるという。すなわち、多元説によれば、民事訴訟制度により当事者の権利救済・権利保護が行われ、そのことは法的秩序を維持することになり且つ法的紛争を解決することになると説くのである。第五に民事訴訟における手続保障こそが民事訴訟の目的であるとする見解がある。第六に目的論無用論の考え方がある。制度目的論とか訴権論とかといっても、それが民事訴訟の個別の議論に影響するものではないから、訴訟制度目的論とか訴権論は民事訴訟の理論にとって、効用がないというのである。第七にこれに加えて訴権否定論の立場もある。

## 2　目的論ないし訴権論の背景

これらの諸見解にはそれぞれの歴史的背景があることを忘れてはならない。近代的民事訴訟制度が生まれた背景には19世紀の個人主義がある。個人主義は個人の権利を重視し、且つ権利救済を重視する。それはまた個人主義的訴訟観を前提とした当事者主義（処分権主義・弁論主義）に繋がるものであった。しかしながら個人主義に基礎をおく当事者主義は訴訟の運営に関する職権主義と対立するために訴訟の遅延を招くことになった。そこで第二次世界大戦前、わ

## 第12章　閑話——民事訴訟の目的は何か——

が民事訴訟法の母法国ドイツにおいて民事訴訟に国家の機能面が強調されるようになり、訴訟制度の目的論として法秩序維持説が登場した。ナチスの全体主義国家では特にこの面が強調されるようになった。勿論、純理論的にいえば、法秩序維持説が全体主義と論理必然的に結びつくものではないが、ここでは両者の関係を一つの傾向として指摘しておくにとどめる。全体主義的国家理念からくる職権主義、さらには法秩序維持説という一つの傾向に対する反省から、わが国において紛争解決説が登場したし、また自由主義的ないし民主主義的国家観の復活ないしは人権論の立場からすると、権利保護説が再登場することになった。

母法国ドイツにおいて第二次世界大戦前、全体主義的国家観の下で民事訴訟における職権主義化に伴って法秩序維持説が強調された反省から、戦後ドイツでも権利保護説が復活したのである。ボン基本法は国民の権利保護を画餅にすることなく、それを実質的なものにするための手当てもしたし、わが国も憲法32条を以て裁判を受ける権利を保障した。

日本国憲法32条は国民の裁判を受ける権利を保障している。これを民事訴訟に限っていえば、民事実体法に規定されている権利の保障を画餅に終わらせないために設けられたものであるということができる。権利保護を目的とする訴訟制度を保障するということは憲法レベルの保障であって、個別法である民事訴訟法上の訴権と直接結びつくものではないとの見解、更にはそこから訴権概念を否定する見解もないではない。しかし、私見によれば、訴訟制度の利用権としての訴権はその根拠を遡れば憲法32条に行き着くものと考えられるのである。

私法秩序維持とか紛争解決は権利保護のいわば反射的効果ではないのかというのが私の疑問である。国民が訴訟制度を利用するのは、本来自らの権利保護を求めるからであって、その結果が法秩序維持

という反射的効果をもたらすに過ぎないのではないかという疑問がある。

## 3　検　　討

### (1) 法秩序維持説の問題点

　法秩序維持を訴訟目的の一つと考えることは誤りである。訴権は国民の権利保護手続の一つなのであるから、訴訟の当事者は訴訟を通して自らの権利保護を求めるのである。裁判所は法による裁判を行う。その結果、判決によって法秩序が維持されるのであって、訴訟制度の利用権である訴権は、もともとは法秩序維持のためにあるわけではない。法秩序維持説はあまりにも国家よりの訴訟目的論であるに過ぎない。したがって、多元説が権利保護と法秩序維持を訴訟目的として同列におくとすれば、それは誤りである。

　法秩序維持説は権利保護説を批判して次のようにいう。すなわち私人の権利保護という事態は精々法秩序維持の手段ないしは効果であって、権利保護説は私人のなす「訴えの目的」と「訴訟制度としての訴訟の目的」との混同があるに過ぎないというのである。たしかに法秩序維持説を前提とすれば、このような批判が出てくるのであろう。

　しかしここで問題なのは、訴訟制度はより本質的にいって権利保護なのか、法秩序維持なのかという点であろう。既述のとおり、訴訟の目的に実体私法上の権利を画餅に終わらせないための国民の権利保護ないし権利救済を目的とした制度なのであって、その結果として法秩序が維持されることになると考えるべきなのである。権利保護説のほうがはるかに憲法32条の裁判を受ける権利を設けた真の意味に合致するのではないかと思われる。通常原告は侵害された自らの法的利益を回復するために訴えを提起するのである。法秩序維持は、当事者の権利保護の要請を無視ないし軽視するのではない

にしても、少なくとも当事者の権利保護より法秩序維持を優先させる。法秩序維持と当事者の権利保護とを並べた場合、訴訟の目的論として、いずれを優先させるべきであろうか。その場合、優先するのは権利保護であろう。法は何のために存在するかと問うならば、当事者の権利を保護するためにあるということになるからである。

　ところで、わが国では紛争解決説が通説といってよいほどの有力説である。細かな相違点を別にすれば、紛争解決説は以下の長所をもつといわれる。すなわち長所としては、実体法が体系的に充実していなかった時代（例えば古代や中世の時代）、訴訟は権利保護とか法秩序維持というよりは紛争解決を目的としていた。19世紀の法典編纂作業が一応終了した後であっても、法の体系は決して完結的なものであったとはいえない。かような点は紛争解決説に有利に働く論点である。逆に短所としては、①権利保護説や法秩序維持説をとらず、あえて紛争解決説をとるとすれば、それは紛争解決の基準となる実体法を切り離して権利保護や法秩序維持と隔離する傾向をもつことになりはしないかという疑問が生じる点である。②紛争解決説が①の批判を認めることなく、紛争解決説の下でも、裁判と法の結びつきを基礎づけこそすれ、それとの絶縁を主張したことは一回もないと説かれることもある。しかしこの②の主張に対して、もしそうとするならば、権利保護説や法秩序維持説と同じことになりはしないかという疑問が呈されている。私はそれが疑問として出てくるのも一理あるように思う。

　紛争解決説は通説ないし有力説ではあるが、前記の疑問をいかにクリヤーすべきかという問題は残る。まず上記長所の問題についてみてみよう。私見によれば、実体法が存在しないあるいは極めて非完結的であると思われる時代でも裁判は行われ、その行われた裁判の判例を通して実体法が形成されたという側面を否定するものではない。しかし実体法が存在しない、あるいはそれに欠缺があっても

第2節　民事訴訟の目的ないし訴権論

　民事訴訟は何らかの実体的基準を想定して紛争を解決しているのであって、その判断基準こそが実は実体規範であり実体法なのであるといえよう。したがって、いかなる時代でも実体法は訴訟に先行していたのである。実体法から離れた訴訟による紛争解決はありえない。実体法が存しない、あるいは存在していても欠陥があったがゆえに訴訟の本質を権利保護と見られないというわけではないことを強調しておきたい。

　つぎに上記①の論旨について検討してみよう。第一に紛争解決説が、裁判と法は結びつくものとされてはいるものの、権利保護説や法秩序維持説を否定する以上、裁判はその範囲内で法との結びつきという要素が軽視され、本案判決は権利保護の要素や法秩序の要素を抜き去った紛争解決になってしまうのではないかという反論を生ぜざるを得ないのではないかと思われる。紛争解決説が紛争解決を法的解決に近づければ近づけるだけ裁判の紛争解決的要素は薄れて権利保護請求権説や法秩序維持説に近づいてくることは、これを認めざるを得なくなるのではないかと思われるのである。

　紛争解決説は、権利の存在と認識とを区別しない一元論的理論であり、権利の存在と認識とを一元的に考え、権利はその判決の当否は別にして（既述の通りこの点を否定し、権利の存否の判断は正しいものでなければならないとする見解もある）権利は認識されるところに存在するという、存在と認識を区別して二元的な考え方をとることは誤りであり、認識とは別に権利の存在を考えてもその存在は通用性がないのであるから、法の世界においては無意味であるというのである。すなわち判決による権利の判断（認識）以外に権利の存在を説いても、それは法の世界において何の意味も持たないというのである。これに対して権利の存在と認識とを区別して権利に関する裁判所の判断が誤っていること、すなわち判決が誤判であれば、その判決は訴訟の目的を達していない、そこで仮に紛争の解決に適法

第12章　閑話——民事訴訟の目的は何か——

性を取り入れて考えてみると、実は誤判は訴訟の目的に反することになるのではないかという点が紛争解決説のもつ問題性ということになる。かように考えてくると訴訟の目的論としては、権利保護説が正当なのではないかという主張は理由をもつことになる。

### (2) 権利保護請求権説の誤り

ここでいう適法な判決とは何か。従来の権利保護請求権説は訴訟前もしくは訴訟外に存在する権利を想定していた。そこに誤りがある。権利保護でいう権利とは訴訟前・訴訟外に存在する権利ではなく、手続保障のある正当な手続によって訴訟内で形成された権利である。その実体的権利を判決が判断するというものでなければならない。つまり訴訟内で形成された権利というのは事実審の口頭弁論終結時に存在する訴訟資料を前提として訴訟上形成された事実関係について適法に法判断される権利保護の判決でなければならない。

本案判決請求権説は、訴えの却下判決による場合、訴権は満足されないとしている。しかしながら、この考え方は正しいといえるであろうか。たしかに原告側からみれば本案判決によって法的紛争を解決してもらわない限り原告が訴訟制度を利用したことにならないといえるかもしれない。これに対して逆に被告の側からみれば訴訟係属が生じた以上、被告側にも訴訟制度の利用権である訴権が生じると見るべきであろう。これを仮に被告の反対訴権（被告の訴訟制度利用権）と称しておこう。この被告側の反対訴権は訴却下判決によっても充足されうるものと考えるべきである。訴権というものを原告側のみから構成するのではなく、被告側からも構成しない限り、訴訟における当事者平等の原則に反することになるのではないかと考えられる。

なお、本案判決請求権説は本案判決があって初めて実体的紛争の解決という訴訟目的が達成されるのであって、却下判決をもってし

ては実体的紛争は解決されない、したがって、却下判決を訴訟制度の目的に据えることはできないということになる。これに対して司法行為請求権説によれば訴訟要件の欠缺をもって訴え却下判決がなされても、訴訟目的は達成されたことになる。既述の通り、被告の反対訴権を認めれば却下判決をもってしてもその応訴目的は達成されたことになる。そうなると、却下判決も訴訟上適法な司法行為を求める司法行為請求権という被告の訴権を充足させることになる。

　本案判決請求権説は、誤判を正当化してしまうのではないかという危惧がないわけではないことについては既に言及した。本案判決請求権説によると、本案判決によって認識されたところに権利・義務ありということになるのであるが、仮に本案判決が誤っていても、それによって判断されたとおりの権利・義務が通用することになる。その結果が権利の存在を認識に合わせる一元論であることは既述の通りである。権利の存在と認識を区別するとすれば、誤判の場合、訴権は充足されないことになる筈であるが、本案判決請求権説によると、たとえ誤った本案判決でも、誤った判決内容によって判示された権利義務が権利義務として実在することになるというのである。しかしながら、誤判によって訴権が満足されたといえるのであろうか。換言すれば、当事者が訴訟制度を利用できたといえるのであろうか。権利の存在と認識を区別する立場（存在と認識の二元論）からみると、誤判によって訴権が満足されたとはいえないように思われる。

## 4　司法行為請求権説と手続保障説

　訴権論として上記諸説のほか司法行為請求権説および手続保障説が提唱されていることは既に述べたとおりである。

　これまでの議論からすれば一元論を前提とする限りにおいて、本案判決請求権説に分がありそうに思える。現実に訴えを提起する原

## 第12章 閑話——民事訴訟の目的は何か——

告は自らの権利主張に分があり、請求の認容を求めて権利救済を得ようとする。こういう現実をみると権利保護請求権説に分があるという感じを受ける。しかしそれでも権利保護請求権説には更なる疑問が残る。弁論主義の下では訴訟は必ずしも訴訟外の真実、訴訟外の権利関係を判決に忠実に反映することを絶対の要請とはしていない。そうであるとすれば、訴訟はその審理・判決において、訴訟前ないし訴訟外の権利関係を忠実に反映することを求めうるものではない。訴訟とは、訴訟前に権利があり、その保護を求めるものではない。訴訟はもともと適法な手続保障のある手続により収集された（以下単に「適法な手続」という）口頭弁論終結時における訴訟資料を基礎にして適法な判決を下すべきことを目標とするものである。

そうであるとすると、訴訟制度の利用権としての訴権というものは、適法な手続に基づいて適法な裁判を求める権利でなければならない。そもそも訴訟の出発点においてその主張どおりの権利保護を求める権利を原告が持っているわけではない。訴訟の出発点、審理過程において適法な裁判所の手続を求め、且つ訴訟過程で適法に収集した訴訟資料に基づいて適法な裁判がなされて初めて訴訟手続が利用できたといえることになる。裁判所に対して適法な手続に基づいて適法な裁判を求める権利、換言すれば裁判所に対する適法な司法行為を求める権利、すなわち司法行為請求権こそが本来の訴権という名に値する権利なのではないであろうか。訴権による権利保護とは本来そのようなものなのである。

訴訟前、訴訟外に権利が存在し、本案判決によりその実現を求める権利が訴権であるというのは、訴訟の過程を軽視した考え方である。権利保護請求権説がこの意味での権利保護を想定しているならば、この意味で誤りである。

違法な手続で過った本案判決がなされても、本案判決によって法的紛争が解決しているからといって、訴訟制度の利用権が満足され

第2節　民事訴訟の目的ないし訴権論

たということはできない。適法な手続によって訴訟手続は進行し、そこで収集された訴訟資料を前提にしながら誤った本案判決がなされたことによって法的紛争が解決されたからといって、訴権は充足されたとはいえないのである。

　手続保障説と司法行為請求権説の異同について考察しておこう。

　そこで、手続保障説は、見方を変えていうと、司法行為請求権説とほぼ同一の内容をもつものと思われる。ただ司法行為請求権説は判決内容の適法性までも含み手続過程における手続保障にとどまるのか否かという問題はある。この点、司法行為請求権としての訴権は判決にいたる手続保障を求める点では共通しているが、加えて判決内容の適法性まで求めている。判決にいたる手続の適法性プラス判決内容の適法性の請求権が訴権であり、特に後者を訴権の内容に含めるという点では、司法行為請求権説が訴訟の目的をより的確に示しているように考える。手続保障説という名称は適法な手続を保障するに止まるように聞こえ、判決内容の適法性までを含まない、いわゆる前記一元論的考え方を採用しているように思われることもありえよう。

　手続保障説は、本来適法な裁判手続を求める点にその意味が求められるのであるが、手続保障があっても裁判所がそのような手続による訴訟資料を前提にしたうえで誤判をしないことまでも訴権の内容としなければならない。誤判をしたのでは、二元説の立場からみると、手続保障のある訴訟手続がなされても訴訟制度が利用できたとはいえない。

　手続保障を訴訟目的とすることに疑問を呈する向きもないではないが、手続保障のある訴訟手続の利用権は訴権に含まれる。その限りでは手続保障を求める権利も訴権の一部である。加えて、訴訟上手続保障の下で形成された事実関係に基づいて正しい適法な裁判をすることが訴訟目的に組み込まれるべきなのである。それら両者が

揃って初めて民事訴訟の目的が達成されるのである。

　このように考えると手続保障のある手続であっても裁判所が誤判した場合、訴権は再審を除けば充足されないということになる。訴権も権利であるが、権利の存在があってもそれが病理現象として現実に認められない場合がある。「正しい裁判を求める権利」は司法行為請求権の一部であるが、それが認められない判決であったとしても再審により取り消されない限り侵害されることはありうるのである。

## 第3節　結　　語

　以上の論述から筆者は訴権論としては、司法行為請求権説をとるが、そもそも訴訟目的論あるいは訴権論を展開するメリットは何か、特に訴訟法の立法論、解釈論にいかなる影響を及ぼすのかという点の検討は本稿ではなされていない。この問題は稿を改めて論じたいと考えている。

　以上に述べたところを以下若干の命題にまとめてみよう。
1　訴訟制度は自力救済の禁止の代償として保障されたものである。この点は歴史的事実は別としても理論的に考えられる命題である。
2　訴権論無用論は訴訟手続の各部分の理論的説明の根拠を欠くものである。訴訟制度という一つの体系性をもった制度の構造説明の根拠を欠く。
3　権利の存在と認識を区別し二元論的構成を取るべきである。この点で本案判決請求権説や手続保障にその目的を限定しようとするかのごとき手続保障論は誤解を招く可能性が問題となる。
4　本案判決請求権説は原告の立場にのみ注目するために被告の訴権を軽視する。被告の訴権を認めれば、訴え却下判決も被告の訴権を充足している。これを被告の反対訴権の一部と称してもよい。

第 3 節　結　　語

5　手続保障説は、判決の適法性の保障を含まないとの誤解を与えるので、手続保障に加え裁判の適法性を考慮すれば、司法行為請求権という名称を用いるべきである。
6　多元説は本判判決請求や法秩序維持をも訴訟目的それ自体のなかに取り入れるもので賛成できない。

〔後記〕
　本稿は愛知学院大学法科大学院における授業の一環として訴訟目的論＝訴権論について講演したものを補足したものである。
　憲法32条は国民の裁判を受ける権利を保障している。そこでいう裁判を受ける権利の保障は国民に対する関係で国家に近代的裁判制度を設ける義務を課し、国民にはこれを利用できる権利を与えるものである。後者は国民に訴権を与えるものである。私見である司法行為請求権説からすれば、国家の設けるべき裁判制度は正しい司法行為による正しい裁判を保障するものでなければならない。

# あとがき

　本書第1章より第6章までは、モノグラフィー的に構成されていることは序文でも述べた。その結論的な纏めが第6章である。第7章以降は各論的問題である。

　第6章の結論は実務上大変に使い勝手が悪く実現が不可能、実務上通用しない命題であるというのが多くの実務家の御意見であると思う。私見によれば、学説や判例・実務を並べ適宜利益考量をしつつ結論を出すという実務的論文もあれば、実務的には採用できない部分があるものの、民事訴訟の基本理念から個別問題をそれとの整合性において解決しようとするという基本理念志向ないし体系志向の論文もある。両者相俟って健全な法律学が形成されるのであろう。私の本書における見解はどちらかといえば後者である。私は実務というテーゼに対してアンチテーゼを立てたものと考えて本稿を執筆してきた積りである。アンチテーゼなくしてジンテーゼはでてこない。私見はそう考えて敢えてアンチテーゼを立ててみたのである。ジンテーゼを立てることについて本書はあまりにも暴論というべきなのであろうか、それとも私見がコペルニクス的発展の起爆剤になるのであろうか。実務や学説の今後の発展を見届けたいものと考えている。

　なお、私の訴訟上の和解の研究はこれで終わるものではない。本書でテーマの関係から、あるいは本書のテーマと関係しながら時間の関係から言及できなかった一例を挙げれば、高橋宏志著『重点講義民事訴訟法第二版』有斐閣第17講「訴訟上の和解」では私見を取り上げて頂いているので私としてはこれに言及すべき義務があると考えている。

　最後に、5年間の在職中本書収録の論文を法学部機関誌「法学研

あとがき

究」に掲載して頂いた愛知学院大学法学部、同じく掲載論文の収録を承諾して頂いた判例タイムズ誌に深い感謝の意を表したいと思う。

 2012年6月

石川　明

〔初出一覧〕

第1章　訴訟上の和解 —— その輓近理論(1) ——
　　　　　　　　　　　　………………………… 法学研究49巻3号121頁以下

第2章　訴訟上の和解 —— その輓近理論(2) ——
　　　　　　　　　　　　……………………… 法学研究50巻3・4号77頁以下

第3章　訴訟上の和解の近時の問題点
　　　　　　　　　　　　………………………… 法学研究51巻1号179頁以下

第4章　判決と訴訟上の和解
　　　　　　　　　　　　………………………… 経営実務法研究11号77頁以下

第5章　訴訟上の和解をめぐるその他若干の論点について
　　　　　　　　　　　　……………………… 法学研究51巻3・4号79頁以下

第6章　訴訟上の和解をめぐる若干の疑問
　　　　　　　　　　　　………………………… 判例タイムズ1351号72頁以下

第7章　訴訟上の和解の効力と承継人
　　　　　　　　　　　　……………………… 法学研究49巻1・2号49頁以下

第8章　第三者の為にする訴訟上の和解論
　　　　　　　　　　　　………………………… 法学研究50巻1号129頁以下

第9章　訴訟上の和解における実体法との乖離
　　　　　　　　　　　　………………………… 判例タイムズ1327号43頁以下

第10章　弁護士会におけるADR
　　　　　　　　　　　　…………………… 法学研究52巻1・2号163頁以下

第11章　山本説・垣内説について
　　　　　　　　　　　　………………………………………………… 本書初出

第12章　閑話 —— 民事訴訟の目的は何か ——
　　　　　　　　　　　　………………………… 経営実務法研究14号71頁以下

〈著者〉

石川　明（いしかわ　あきら）

慶應義塾大学名誉教授

### 訴訟上の和解

2012（平成24）年6月30日　第1版第1刷発行
3515-9：P184　￥3800E-020：080-020

著者　石　川　　明
発行者　今井　貴・稲葉文子
発行所　㈱信山社
〒113-0033 東京都文京区本郷6-2-9-102
TEL 03-3818-1019　FAX 03-3818-0344
henshu@shinzansha.co.jp

©石川　明, Printed in Japan, 2012
印刷・製本／亜細亜印刷・牧製本㈱
出版契約書No.2012-3515-9-01011
ISBN 978-4-7972-3515-9 C3332
3515-020-080-020
NDC 分類 327.215-a001

JCOPY 〈(社)出版者著作権管理機構　委託出版物〉
本書の無断複写は著作権法上での例外を除き禁じられています。複写される場合は、
そのつど事前に、(社)出版者著作権管理機構（電話 03-3513-6969, FAX03-3513-6979,
e-mail:info@jcopy.or.jp）の許諾を得てください。

## ドイツ強制執行法の改正
石川　明　著　　　　A5変上製 228頁 定価：本体 6,300 円＋税

## ドイツ強制執行法と基本権
石川　明　著　　　　A5変上製 274頁 定価：本体 7,560 円＋税

## 民事手続法の改革　ゲルハルト・リュケ教授退官記念
中野貞一郎・石川　明　編　　A5変上製 640頁 定価：本体 21,000 円＋税

## EU法の現状と発展　ゲオルク・レス教授65歳記念論文集
石川　明　編集代表　　A5変上製 434頁 定価：本体 12,600 円＋税

## 国際経済法と地域協力　櫻井雅夫先生古稀記念論集
石川　明　編集代表　　A5変上製 746頁 定価：本体 18,900 円＋税

## ボーダレス社会と法　オスカー・ハルトヴィーク先生追悼
石川　明・永田　誠・三上威彦　編　A5変上製 488頁 定価：本体 12,600 円＋税

## EUの国際民事訴訟法判例
石川　明・石渡　哲　編　　A5変上製 472頁 定価：本体 12,600 円＋税

## EU法・ヨーロッパ法の諸問題　石川明教授古稀記念論文集
櫻井雅夫　編集代表　　A5変上製 520頁 定価：本体 15,750 円＋税

**信山社**